Biblioteca de Filosofía del Derecho

Carlos Alarcón Cabrera
(Director)

Carlos Antonio Agurto Gonzáles
Sonia Lidia Quequejana Mamani
Benigno Choque Cuenca
(Coordinadores Generales)

Carlos Alarcón Cabrera
Catedrático de Filosofía del Derecho
Universidad Pablo Olavide de Sevilla

Fenomenología, semiótica y Derecho

Edición al cuidado de
Carlos Antonio Agurto Gonzáles
Sonia Lidia Quequejana Mamani
Benigno Choque Cuenca

Ediciones Olejnik

Título: Fenomenología, semiótica y Derecho

© Carlos Alarcón Cabrera

© Ediciones Olejnik
Huérfanos 611, Santiago - Chile
E-mail: contacto@edicionesolejnik.com
Web site: http://www.edicionesolejnik.com

Primera edición en ediciones Olejnik: 2018

ISBN: 978-956-392-256-1

Diseño de Carátula: Ena Zuñiga
Diagramación: Luis A. Sierra Cárdenas

Impreso en Argentina 2018 Printed in Argentina

ÍNDICE GENERAL

PRESENTACIÓN

Durante el curso académico 1998-1999, el Área de Filosofía del Derecho de la Universidad de Huelva organizó el ciclo de conferencias «Fenomenología, semiótica y derecho», que aparecen ahora publicadas conjuntamente. Junto a los textos de Amedeo G. Conte, Giuseppe Lorini, Paolo di Lucia, Andrea Rossetti y Carlos Alarcón Cabrera, el presente volumen incluye además la traducción española del ensayo *«Imperativer og logik» (Imperativos y lógica),* de Jorgen Jorgensen, que fue también objeto de debate en una mesa redonda sobre los «Sesenta años de lógica deóntica». Jorgensen, uno de los fundadores de la lógica deóntica, escribió el ensayo en 1938 en danés y nunca posteriormente fue traducido a otro idioma, posiblemente porque se presuponía que su contenido coincidía con el de *«Imperatives and Logic»,* artículo que, aunque homónimo, del mismo año y del mismo autor, difiere en bastantes puntos del ahora traducido. Por último, se incluye asimismo una exhaustiva bibliografía a cargo de Giuseppe Lorini.

Buena parte de las reflexiones que se discutieron en las conferencias se enmarcan en el contexto del paradigma conceptual *hechos brutos* vs. *hechos institucionales,* paradigma que aparece claramente expuesto en la *fenomenología lingüística* de John Searle. Basándose en la oposición austiniana entre los enunciados *constatativos* y los enunciados *performativos* (los enunciados que producen determinadas modificaciones de la realidad externa dependientes del contexto institucional en el que se enuncian), Searle define por exclusión los *actos ilocucionarios* como aquéllos en los que, además de pronunciarse determinadas palabras de una forma y en un orden proposicionalmente correcto, se ejecutan acciones que *valen* o *cuentan dependiendo (pragmáticamente) del contexto institucional. Los hechos son institucionales* en tanto que son regulados por reglas *consti-*

tutivas, reglas que no regulan formas de conducta existentes previa e independientemente de las propias reglas, sino que crean, definen, *constituyen* nuevas formas de conducta. Como señala Conte en clave fenomenológica, por reglas que son condición *eidética* de concebibilidad, condición *alética* de posibilidad y condición *noética* de perceptibilidad.

Expresarse performativamente equivale a realizar actos que se interpretan desde la perspectiva de sistemas de reglas constitutivas, en cuyo contexto la enunciación de enunciados como «Prometo X» tiene un valor que trasciende lo puramente físico y también lo psicofísico: vale o cuenta como prometer, como realización del acto institucional de la promesa. En realidad, el ejemplo de la promesa parece enmarcar inductivamente la ontología social de Searle en su globalidad. Prometer implica para Searle obligarse a realizar lo prometido si se cumplen las condiciones de validez pragmática del acto performativo de la promesa, de las que Searle deriva la regla esencial de la promesa «enunciar una promesa cuenta como comprometerse a asumir la obligación de realizar el acto futuro correspondiente».

Las condiciones de validez del acto ilocucionario de prometer no aparecen entonces para Searle, paradójicamente, como *posterius,* sino como *prius* de las reglas constitutivas de la institución de la promesa, reglas que quedan así como meros epifenómenos de las relaciones condicionales subyacentes. Éste es el débil método que emplea Searle para tratar de superar los argumentos que el divisionismo viene repitiendo desde Hume, a cuya distinción entre «relations of ideas» (*relaciones de ideas*) y «matters of fact» *(datos de hecho, relaciones de hecho*) se remonta precisamente Lorini en su ensayo para explicar el sentido de las *relaciones de derecho* como relaciones *institucionales.* Así argumentaba Hume, en su *Tratado de la naturaleza humana,* el carácter meramente convencional, social e institucional (no natural) de las obligaciones derivadas de las promesas: «Una promesa no es ni naturalmente inteligible ni anterior a las convenciones humanas. Un hombre que no conozca la vida en sociedad no puede concertar jamás compromisos con otra persona (....). La voluntad no crea jamás nuevos sentimientos, así que en ningún caso podría surgir *naturalmente* obligatoriedad de una promesa (...). Las promesas no tienen fuerza con anterioridad a las convenciones humanas».

Parece claro que Adolf Reinach había sido mucho más certero que Searle en sus críticas a los dos tesis nominalistas de Hume sobre la promesa: la tesis de la *convencionalidad semántica* (la tesis según la cual las promesas sólo tienen sentido cuando se lo atribuye alguna convención humana) y la tesis de la no derivabilidad de obligaciones morales (la tesis según la cual las promesas, aun con sentido, no implicarían obligaciones morales). Es más, en sus *Fundamentos a priori del Derecho civil,* Reinach elogió la seguridad con la que Hume se dirigió a la cuestión fundamental del análisis de la experiencia interior latente en la promesa, del «acto del espíritu que acompaña a la promesa», pero le criticó que despreciara las *actividades del espíritu* de acuerdo con las cuales las palabras no expresan «una comunicación accidental y suplementaria», sino que poseen una fuerza intrínseca que se manifiesta en el propio acto lingüístico. El punto de vista de Hume podría así ser eficaz para estudiar la influencia de los intereses egoístas en la tendencia al cumplimiento de las promesas, para explicar la transición utilitarista desde lo individual hasta lo social, pero no para captar la *experiencia fenomenológica* correspondiente. Como han destacado Lorini y Di Lucia, la experiencia de *sentir-se-en obligación* mediante una promesa posee así una específica fenomenología que, más allá del sentimiento psicológico de deber, se apoya siguiendo a Reinach en la *obligación* y la *pretensión* o derecho como *relaciones esenciales* que preceden a la promesa.

Sólo me resta agradecer el apoyo financiero recibido de la Universidad de Huelva y expresar mi confianza en que el presente libro sirva para contrarrestar el carácter minoritario de los estudios en fenomenología jurídica, lógica deóntica, semiótica jurídica y filosofía del lenguaje normativo dentro de la filosofía del derecho española.

Carlos Alarcón Cabrera

VALIDEZ «THÉTICA» VS. VALIDEZ «ATHÉTICA»

AMEDEO G. CONTE

Das Wahre ist das Ganze.
El verdadero es el todo.
Georg Wilhelm Friedrich Hegel

Das Ganze ist das Unwahre.
El todo es el no-verdadero.
Theodor Wiesengrund Adorno

0. DOS HALLAZGOS SOBRE LA SEMÁNTICA DEL TÉRMINO 'VALIDEZ'

Presento a continuación una contribución a la teoría de la validez deóntica (*deontische Gültigkeit, validité déontique, deontic validity, validità deontica*).

El problema de la validez deóntica es un problema cardinal de la deóntica filosófica *(philosophische Deontik, déontique philosophique, philosophical deontics, deontica filosofica)*, de una deóntica que no puede desconocer el carácter filosófico de sus orígenes y de sus fines.

Para encauzar un discurso **filosófico** sobre la validez, comenzaré estudiando la **semántica** del término 'validez'.

Consideremos los dos sintagmas 'validez de una derogación' y 'derogación de validez'. En cada uno de ellos aparece el término 'validez'.

El término es el mismo. Pero, ¿su sentido es también el mismo? ¿Tiene el término 'validez', dentro del primero y dentro del segundo de estos dos sintagmas ('validez de una derogación', 'derogación de validez'), el mismo sentido? (¿Tiene el sustantivo 'validez', en el contexto del sintagma 'validez de una derogación', el mismo sentido que el sustantivo 'validez' en el contexto del sintagma 'derogación de validez'?).

Mi respuesta (he aquí el hallazgo semántico) es negativa. 'Validez' en el primer sintagma ('validez de una derogación') y 'validez' en el segundo sintagma ('derogación de validez') no tienen el mismo sentido: son términos homónimos.

Que la homonimia de los dos términos no refleja identidad de los conceptos lo confirma el hecho de que no en todas las lenguas existe una análoga homonimia. Por ejemplo, en polaco no existe homonimia: para 'validez' existen al menos dos nombres: *'waznosc'* y *'obowiazywanie'*.

Al sentido de 'validez' dentro del sintagma 'validez de una derogación' y al sentido de 'validez' dentro del sintagma 'derogación de validez' se dedican los epígrafes 0.1. y 0.2.

0.1. El sentido del término 'validez' dentro del sintagma 'validez de una derogación'

La validez que se predica de un acto de derogación (de un acto de *Aufhebung,* de *abrogation,* de *derogation,* de *abrogazione)* es validez pragmática (*pragmatische Gültigkeit, validité pragmatique, pragmatic validity, validitá pragmatica*): validez **pragmática,** ya que aquello de lo que se predica es, justamente, un **acto:** el **acto de derogación.**

0.2. El sentido del término 'validez' dentro del sintagma 'derogación de validez'

Al contrario, la validez sobre la que actúa la derogación (es decir, la validez que es derogada en una derogación pragmáticamente válida) **no es homogénea** respecto a la validez (validez pragmática) que se predica de la propia derogación. No es homogénea respecto a ella en el sentido etimológico del término ('homogéneo' proviene de *'homós'* y *'génos'):* las dos 'validez' no pertenecen al mismo *génos.* Son dos 'validez' **heterogéneas.** La diferencia entre ambas es una diferencia de **género,** no de **especie.** (En otros términos: no es una diferencia de especie **en** un género, sino una diferencia **de** género.)

La validez sobre la que la derogación actúa es (no validez pragmática, sino) validez sintáctica (*syntaktische Gültigkeit, validité syntaxique, syntactic validity, validitá sintattica*): validez **sintáctica** (thética o athética), ya que es relativa a reglas constitutivas sobre la validez, a las reglas constitutivas de un ordenamiento que (condicionando la validez de **status** deónticos en el ordenamiento y por el ordenamiento) del ordenamiento determinan la **sintaxis de la validez** (*Syntax der Gültigkeit, syntaxe de la validité, syntax of validity,* sintassi della *validitá).*

1. PARADIGMÁTICA DE LA VALIDEZ

El análisis del término 'validez' dentro del sintagma 'validez de una derogación' y dentro del sintagma 'derogación de validez' revela que existen dos conceptos de validez deóntica: validez **pragmática** y validez **sintáctica:**

- **(i)** es validez **pragmática** la validez deóntica que se predica de los **actos deónticos** (es decir, de los actos théticos de normación, de los actos de posición de **status** deónticos);
- **(ii)** es validez **sintáctica** la validez deóntica que se predica de los **status deónticos,** es decir de los estados de cosas que (en una cierta perspectiva filosófica) son el producto (el *wytwór,* en el léxico del filósofo polaco Kazimierz Twardowski) de los actos deónticos.

Pero, en deóntica, no se ha hablado solamente de validez **sintáctica** (de **status** deónticos) y de validez **pragmática** (de actos deónticos). También se ha hablado de un tercer concepto de validez deóntica: el concepto de validez **semántica** (de enunciados deónticos).

(Los tres términos 'validez sintáctica', 'validez semántica', 'validez pragmática' aluden a los nombres de las tres partes (sintáctica, semántica, pragmática) de la semiótica, en la que se inscribe la deóntica).

1.1. Validez semántica

1.1.0. Validez semántica thética vs. validez semántica athética

1.1.0.1. A la validez **semántica** (*semantische Gültigkeit, validité sémantique, semantic validity, validità semantica*) de enunciados deónticos se refieren los autores que (crípticamente) afirman que a los enunciados deónticos no les corresponden 'verdadero' (*'wahr', 'vrai', 'true', 'vero'*) y, respectivamente, 'falso' o 'no-verdadero' (*falsch' o 'unwahr', 'faux', 'false', 'falso'*), sino 'válido' (*'gültig', 'valide', 'valid', 'valido'*) y, respectivamente, 'inválido' (*'ungültig', 'invalide', 'invalid', 'invalido'*), y los autores que hablan de validez como *análogon* o *homólogon* (*análogon* deóntico) de la verdad (*Wahrheit, vérité, truth, verità*) de los enunciados apofánticos.

Se trata de una tesis recurrente en deóntica.

Yo mismo, en 1965 (en el ciclo de lecciones: *Metodologia del linguaggio normativo,* que impartí en el Centro de estudios metodológicos de Turín invitado por su presidente Norberto Bobbio), hablé (en referencia al léxico de Gottlob Frege, *Uber Sinn und Bedeutung,* 1892) de validez como *Bedeutung* deóntica de los enunciados deónticos (validez como *análogon* deóntico de la verdad), y formulé la hipótesis de que lo válido y lo inválido son los *análoga* deónticos de lo verdadero y lo falso.

1.1.0.2. Que exista una validez semántica de enunciados deónticos, y que la validez semántica de los enunciados deónticos sea el *análogon* deóntico de la verdad de los enunciados apofánticos, son dos tesis de las que me parecen dudosas tanto las presuposiciones como las implicaciones.

De estas dudas mías sobre el concepto (con frecuencia presupuesto acriticamente en deóntica, e inexplicablemente no estudiado en metadeóntica) de validez semántica, son testimonio dos ensayos (muy posteriores a 1965), en los que he sometido estas dos tesis a un *Gedankenexperiment,* a un experimento mental. Los dos ensayos son: Amedeo G. Conte, *Ricerca d'un paradosso deontico,* 1974, y Amedeo G. Conte, *Experimente mit der Fachsprache der Deontik,* 1975.

1.1.0.3. La oscuridad del concepto de validez semántica la prueba la existencia, en deóntica, de una concepción según la cual la validez semántica no es el *análogon* deóntico (o un *análogon* deóntico) de la verdad, sino que es en sí misma una verdad: la verdad deóntica (*deontische Wahrheit, vérité déontique, deontic truth, verita deóntica*).

El sintagma 'verdad deóntica' podrá parecer un *oxímoron;* y puede parecer paradójico el concepto que designa.

Y, sin embargo (como señala Giampaolo M. Azzoni), la concepción de la validez semántica como verdad, como verdad deóntica, está documentada en deóntica. Es más, aparece en deóntica no de una, sino de dos formas, y concretamente de dos formas diametralmente opuestas que se iluminan de modo recíproco precisamente a través de su oposición.

Las dos formas de dicha concepción son:

– (i) la teoría de la validez semántica thética;

– (ii) la teoría de la validez semántica athética.

Al concepto de validez semántica *thética* se dedica el epígrafe 1.1.1.; al concepto de validez semántica *athética* se dedica el epígrafe 1.1.2.

1.1.1. Validez semántica thética

1.1.1.1. Según la teoría de la validez semántica thética *(thetische semantische Gültigkeit, validité sémantique thétique, thetic semantic validity y validitá semantica thetica*), la validez semántica (verdad deóntica) de un enunciado deóntico consiste en su correspondencia con un status deóntico théticamente constituido a través de la enunciación thética del propio enunciado deóntico.

En otros términos: la validez semántica es correspondencia con un status deóntico que «pasa a existir» *(entsteht, exsistit)* a través de una enunciación thética.

La validez pragmática (en y por un ordenamiento S) de la enunciación thética de un enunciado deóntico es condición suficiente de validez sintáctica (en y por el ordenamiento S) del status deóntico del cual el acto deóntico es *thésis.* La validez sintáctica (en y por S) del status deóntico es, a su vez, condición suficiente de validez semántica (en y por S) del enunciado deóntico

1.1.1.2. El *prius* (o mejor: el *primum)* es (según esta teoría) la validez pragmática. La validez pragmática es condición suficiente de validez sintáctica, que, a su vez, es condición suficiente de validez semántica.

Así pues, la validez semántica del enunciado está en última instancia en función de la validez pragmática de la enunciación *thética* del propio enunciado.

Precisamente en referencia al hecho de que, para esta teoría, la validez semántica de un enunciado deóntico está condicionada por la *theticidad* de la enunciación deóntica del propio enunciado, y en alusión al uso que, de *'thésis'*, hace Friedrich August von Hayek, Giampaolo M. Azzoni ha sugerido, para esta teoría, el nombre 'teoría de la validez semántica *thética*'.

1.1.1.3. El concepto de validez semántica thética lo han elaborado Amedeo G. Conte (*In margine all'ultimo Kelsen*, 1967; *Primi argomenti per una critica del normativismo*, 1968; *Aspekte der Semantik der deontischen Sprache*, 1977; *Aspetti della semantica del linguaggio deontico*, 1977) y Kazimierz Opalek y Jan Wolenski, Is, Ought, and Logic, 1987.[1]

1.1.2. Validez semántica athética

1.1.2.1. Según la teoría de la validez semántica athética *(athetische semantische Gültigkeit, validité sémantique athétique, athetic semantic validity, validità semantica athética)*, la validez semántica (verdad deóntica) de un enunciado deóntico consiste en la correspondencia del enunciado deóntico con un **status** deóntico constituido previamente a la enunciación thética del propio enunciado.

Para esta teoría, la validez semántica (verdad deóntica) de un enunciado deóntico no está condicionada (*bedingt*), no está mediada (*vermittelt*), por la enunciación *thética* del propio enunciado: la validez semántica (verdad deóntica) de un enunciado deóntico consiste en su (inmediata) correspondencia con un **status** deóntico que subsiste *(besteht)* independientemente de la enunciación thética del enunciado deóntico.

A ello alude precisamente el término 'athético' *('athetisch', 'athétique', 'athetic', 'athetico')*, que aparece en el sintagma 'validez semántica *athética*'.

---

[1] Que un enunciado deóntico puede verificarse en virtud de su enunciación thética es una antigua tesis mía (Amedeo G. CONTE, *In margine all'ultimo Kelsen*, 1967; *Primi argomenti per una critica del normativismo*, 1968; *Aspekte der Semantik der deontischen Sprache*, 1977; *Aspetti della semantica del linguaggio deontico*, 1977).
Y es antigua mi observación de que un enunciado deóntico puede sólo verificarse, y nunca falsificarse, en virtud de su enunciación thética. (Asimetría entre verificación y falsificación.)
Al contrario, es reciente el descubrimiento de una sugerente paronimia subsistente en una lengua no indoeuropea, el vasco o euskera. En euskera, el término correspondiente al término español 'verdad' y el término correspondiente al término español 'hecho' son dos parónimos: *'egia'* y, respectivamente, *'egin'*.

1.1.2.2. En deóntica, la formulación más radical de la teoría de la validez semántica athética está presente en la obra de Jerzy vel Georges Kalinowski (uno de los fundadores y de los protagonistas de la lógica deóntica).

1.1.2.2.1. Según Kalinowski, la validez semántica (verdad deóntica) de los enunciados deónticos consiste en la correspondencia con lo que él llama (con un aparente *oxymoron)* la realidad deóntica, *«la réalité déontique»*.

El sintagma *'la réalité déontique'* aparece ya (tal como me señala Paolo di Lucia) en el ensayo *Essai sur le caractère ontique du droit*, 1964. En *Le problème de la vérité en morale et en droit*, 1967, existe un *oxymoron* al cuadrado: Kalinowski habla de una *«réalité»* que es *«ontico-déontique»*.

Es en relación con la *réalité déontique* como se puede, para Kalinowski, decidir cuál es el *deontischer Wahrheitswert* (el valor deóntico de verdad y el valor de verdad deóntica) de un enunciado deóntico; y es en la correspondencia con la realidad deóntica en lo que consiste la validez semántica (verdad deóntica) athética de los enunciados deónticos.

1.1.2.2.2. ¿Cuál es el estatuto de la tesis de Kalinowski sobre la validez semántica (verdad deóntica) de los enunciados deónticos?

1.1.2.2.2.1. La tesis que Kalinowski formula sobre la validez semántica de los enunciados deónticos es una tesis de semántica *(Semantik, sémantique, semantics, semantica)*. En particular, es una tesis de semántica extensional.

1.1.2.2.2.2. Al contrario, no es de semántica, sino de ontologia (*Ontologie, ontologie, ontology, ontologia*) una segunda tesis de Kalinowski: la tesis según la cual existe una realidad deóntica, o mejor: la realidad deóntica *(«la réalité déontique» o «ontico-déontique»*, con el artículo determinado 'la').

1.1.2.2.2.3. La segunda tesis (la tesis de la existencia de la «realidad deóntica», de la «realidad óntico-deóntica») es una tesis (no semántica, sino ontológica) cuya verdad no condiciona la legitimidad de la tesis semántica, según la cual la validez semántica (verdad deóntica) de un enunciado deóntico consiste en su correspondencia con la realidad deóntica.

La primera tesis de Kalinowski (la tesis semántica) no está concatenada con la segunda (con la tesis ontológica). Ni el *Sinn* ni la *Bedeutung* de la tesis semántica están condicionados por la verdad de la tesis ontológica.

La tesis semántica de Kalinowski (teoría de la validez semántica athética) es atractiva precisamente por ser formalmente neutra.

La tesis semántica de Kalinowski conserva su validez teorética formal incluso en el supuesto de que no exista ninguna realidad deóntica athética constituida previamente a la enunciación thética de enunciados deónticos y de que, correlativamente, no exista ningún enunciado deóntico que sea athéticamente válido.

En otros términos: el valor de verdad de lo que Kalinowski escribe (como tesis de ontología) sobre la existencia de una (o mejor: de la) *«réalité déontique»* (de la *«réalité ontico-déontique»)* no condiciona lo que Kalinowski escribe (como tesis de semántica de los enunciados deónticos) sobre su **concepto** de validez semántica (verdad deóntica) de un enunciado deóntico y sobre las **condiciones** de validez semántica (verdad deóntica) de un enunciado deóntico.

1.2. Validez pragmática

1.2.0. Validez pragmática thética (validez praxeonómica) vs. validez pragmática athética (validez praxeológica)

Las condiciones de validez pragmática pueden ser inherentes (athéticamente) al concepto del acto del que se predica, o estar théticamente establecidas por reglas, por *nómoi* ('nomoi' es el plural del sustantivo masculino griego *'nómos'*, que corresponde aproximadamente a 'regla', 'norma', 'ley'), y concretamente por reglas hipotético-constitutivas (*hypothetisch-konstitutive Regeln, règles hypothético-constitutives, hypothetico-constitutive rules, regole ipotetico-costitutive)* que ponen théticamente condiciones de validez pragmática de un acto dentro de un ordenamiento y por un ordenamiento.

1.2.0.1. En otros términos: las condiciones de validez pragmática son de dos especies:

– **(i)** condiciones théticas **praxeonómicas** (*praxeonomische Bedingungen, conditions praxéononáques, praxeonomical conditions, condizioni praxeonomiche, condizioni praxeonomiche*: condiciones **extrínsecas,** condiciones puestas, o impuestas, *ab extra*, por reglas, *por nómoi*);

— **(ii)** condiciones athéticas **praxeológicas** (*praxeologische Bedingungen, conditions praxéologiques, praxeological conditions, condizioni praxeologiche:* condiciones **intrínsecas,** condiciones inherentes al concepto de un acto, a su intrínseca constitución).

1.2.0.2. Correlativamente, existen dos especies de validez pragmática:

— **(i)** validez **thética** o **praxeonómica** (*praxeonomische Gültigkeit, validez praxéonomique, praxeonomical validity, validità praxeonomica*);

— **(ii)** validez **athética** o **praxeológica** (*praxeologische Gültigkeit, validité praxéologique, praxeological validity, validità praxeologica*).

A las dos especies de validez pragmática se dedican, respectivamente, los epígrafes 1.2.1. y 1.2.2.

1.2.1. Validez pragmática thética (validez praxeonómica)

La validez pragmática thética (o validez praxeonómica) es la especie de validez pragmática que (a diferencia de la validez praxeológica) es relativa no ya a la estructura intrínseca de un acto, sino a reglas, a *nómoi,* a reglas extrínsecas sobre el acto (en griego: *nomos* - regla, norma, ley): y, concretamente, a reglas que ponen théticamente, en los diferentes ordenamientos normativos, condiciones de validez *(Gültigkeitsbedingungen, conditions de validité, validity-conditions o conditions of validity, condizioni di validitá).*

1.2.1.1. Las reglas, los *nómoi,* que (en cada uno de los ordenamientos normativos) condicionan la validez praxeonómica poniendo de la misma condiciones necesarias son un subconjunto de las reglas anankástico-constitutivas (*anankastisch-konstitutive Regeln, règles anankastico-constitutives, anankastic-constitutive rules, rególe anankastico-costitutive*).

1.2.1.2. Las reglas anankástico-constitutivas son las reglas que ponen una condición necesaria (en griego, *'anánke'* es el nombre de la necesidad) de aquello de lo que son regla.[2]

---

[2] Sólo recientemente las reglas anankástico-constitutivas han sido tematizadas y problematizadas. Y sólo aún más recientemente la teoría de las reglas anankástico-

1.2.2. Validez pragmática athética (validez praxeológica)

La validez pragmática athética (validez praxeológica) de un acto es la especie de validez pragmática que es relativa al concepto del acto en cuestión.

Las condiciones necesarias de validez praxeológica de un acto han sido estudiadas en la disciplina llamada pragmática (*Pragmatik, pragmatique, pragmatics, pragmatica).* En particular, han sido estudiadas en la teoría de los actos del lenguaje (*Sprechakttheorie, théorie des actes de langage, speech-act theory, teoria degli atti di linguaggio).*

Aclararé el concepto de validez praxeológica **ex negativo:** ex negativo, en el sentido de que lo ilustraré enumerando algunos ejemplos de **invalidez** praxeológica.

1.2.2.1. Primer ejemplo. Es praxeológicamente inválida una promesa que verse sobre un comportamiento no futuro, sino pasado.

1.2.2.2. Segundo ejemplo. Es praxeológicamente inválida la derogación de normas inválidas. De cualquier forma que se interpreten los términos 'norma', 'validez', 'derogación', la derogación de una norma (en tanto que derogación de validez) es un acto que presupone la validez de la norma.

constitutivas se ha inscrito en una tipología hexádica de las reglas constitutivas.
De las reglas anankástico-constitutivas son (en un cierto sentido) un caso límite las reglas nómico-constitutivas *(nomisch-konstitutive Regeln, regles nomico-constitutives, nomic-constitutive rules, regole nomico-costitutive),* es decir, las reglas que ponen una condición necesaria y suficiente de aquello de lo que son regla. (Las reglas anankástico-constitutivas ponen condiciones necesarias; las reglas nómico-constitutivas ponen condiciones necesarias y suficientes).
Para las reglas que ponen condiciones de aquello de lo que son regla se ha propuesto recientemente un hiperónimo: 'reglas hipotético-constitutivas'. (Los términos correspondientes a 'regla hipotético-constitutiva' son *'hypothetisch-konstitutive Regel', 'règle hypothético-constitutive', 'hypothelico-constitutive rule', 'regole ipotetico-costitutive').*
El neologismo inglés *'hypothetico-constitutive',* con el que he traducido el neologismo italiano 'ipotetico-costitutivo' (Giampaolo M. AZZONI, *Condizioni costitutive,* 1986), se asemeja a un término ya presente en el lenguaje filosófico inglés: *'hypothetico-deductive'.*
El concepto de regla hipotético-constitutiva ha sido rápidamente acogido en deóntica: en particular, por Jean-Louis Gardies, Christophe Grzegorczyk, Georges Kalinowski, Jerzy Wróblewski, Carlos Alarcón Cabrera.
Es más, la tipología de las reglas constitutivas es central en el libro de Jean-Louis GARDIES, *L'erreur de hume,* 1987, libro que estudia de modo original la fractura dianoética entre lo adeóntico y lo deóntico.

En otros términos (cito aquí una antigua tesis mía, formulada en el lenguaje de Oswald Ducrot, lenguaje al que hice referencia en: Amedeo G. Conte, *Parerga leibnitiana,* 1978): en la derogación, el *présupposé* es la validez; el *posé* es la invalidez de aquello de lo que se presupone la validez.

1.2.2.3. Tercer ejemplo. Las hipótesis extremas de invalidez praxeológica son los actos que (con un transparente neologismo) que yo llamé «*selbstwidrig*» («contrarios a sí mismos») en: Amedeo G. Conte, *Experimente mit der Fachsprache der Deontik,* 1975, y que estudié en el marco de una teoría de las paradojas pragmáticas. La invalidez praxeológica es, en las paradojas praxeológicas, una invalidez estructural.

He aquí tres paradojas praxeológicas.

1.2.2.3.1. Una **primera paradoja praxeológica** es prometer no mantener la propia promesa que se promete («Hiermit verspreche ich, das hiermit geleistete Versprechen nicht zu halten»: «Prometo no mantener la presente promesa»).

Si la promesa es promesa de cumplimiento, entonces, dado este concepto de promesa, es praxeológicamente inválida (no tiene valor de promesa) una (paradójica) promesa que sea promesa del propio incumplimiento.

1.2.2.3.2. Una **segunda paradoja praxeológica** es jurar que se está cometiendo perjurio.

La idea de un juramento paradójico es antigua: es prefigurada (aunque en otros términos) por Aristóteles.

1.2.2.3.3. Una tercera paradoja praxeológica es una hipotética orden que ordene su incumplimiento (la paradoja que he llamado paradoja deóntica de Epiménides, *deontische Epirnenides-Paradoxie,* o, más brevemente, Epiménides deóntico).

La idea de la paradoja deóntica de Epiménides me fue sugerida (en 1961) por una frase de Ludwig Wittgenstein: «Der Befehl befiehlt seine Befolgung»: «La orden ordena su propio seguimiento» (Una orden es orden de seguimiento del mismo modo que una promesa es promesa de cumplimiento: he aquí una lúcida diada de enunciados gramaticales, de *grammatische Satze* en el sentido de Wittgenstein.)

Si lo propio de una orden es ordenar su propio seguimiento, entonces, dado este concepto de orden, una hipotética orden que prescriba su incumplimiento es praxeológicamente inválida, es inválida por razones que son inherentes al propio concepto de orden.[3]

1.3. Validez sintáctica

1.3.0. Validez sintáctica thética vs. validez sintáctica athética

1.3.0.1. Paralela a las dos dicotomías (en términos de: thético *vs.* athético) de la validez **semántica** de enunciados deónticos (validez semántica thétieaus vs. validez semántica athética) y de la validez pragmática de actos deónticos, de actos théticos de normación (validez pragmática thética *vs.* validez pragmática athética; es decir, validez praxeonómica *vs.* validez praxeológica), es la dicotomía de la validez sintáctica de status deónticos en validez sintáctica thética y validez sintáctica athética.

1.3.0.2. Con esta tercera diada, se completa la héxada de los conceptos de validez deóntica. (Los seis términos de la héxada se obtienen, combinatoriamente, combinando dos paradigmas, en concreto combinando el paradigma triàdico: sintáctico *vs.* semántico *vs.* pragmático y el paradigma diàdico: thético *vs.* athético.)

1.3.0.3. A los dos términos de la tercera diada de la héxada se dedican, respectivamente, el epígrafe 1.3.1. y el epígrafe 1.3.2.

1.3.1. Validez sintáctica thética

1.3.1.1. La validez sintáctica **thética** (*thetische syntaktische Gültigkeit, validité syntaxique thétique, thetic syntactic validity, validità sintattica thetica*) es la validez de **status deónticos** que es el producto de un acto deóntico. Es la validez théticamente constituida por un acto thético de normación. (El término alemán para 'normazione' es '*Norm-setzung*'.)

---

[3] La paradoja deóntica de Epiménides (formulada en Amedeo G. CONTE, *Ricerca d'un paradosso deontico, 1974; Experimente mit der Fachsprache der Deontik*, 1975) ha sido sulilmente discutida por Georges KALINOWSKI. Cf. Georges KALINOWSKI, *La cause de certaines antinomies juridiques*, 1978; Amedeo G. CONTE, *Deux questions en réponse à une critique de Georges Kalinowski*, 1978; Georges KALINOWSKI, *Réponse a Amedeo G. Conte*, 1978; Amedeo G. CONTE, *Parerga leibnitiana*, 1978; Amedeo G. CONTE, *Paradigmi d'analisi della regola in Wittgenstein*, 1983.

1.3.1.2. La validez sintáctica thética es la validez por antonomasia, la validez *par excellence.*

Por ejemplo, es la validez sintáctica thética la validez (sin especificar) de la que se da una **definición recursiva** en: Amedeo G. Conte, *Validità,* 1974.[4]

1.3.2. Validez sintáctica athética

El complemento del concepto de validez sintáctica thética es el concepto de validez sintáctica **athética**.

La validez sintáctica athética *(athetische syntaktische Gültigkeit, validité syntaxique athétique, athetic syntactic validity, validità sintattica athética)* es la validez de **status** deónticos que no es el producto *(wytwór,* en el léxico de Kazimierz Twardowski) de un acto deóntico (de un acto thético de normación).

Validez sintáctica athética puede parecer un concepto autocontradictorio, una *contradictio in terminis.*

---

[4] En mi deóntica de la validez (más kantiana, quizás, que neokantiana), la validez sintáctica está doblemente relativizada:
Primera relativización. La validez sintáctica está relativizada a un ordenamiento: es validez en y por un ordenamiento (entendiendo la preposición 'por' tanto en el sentido de la preposición francesa *'pour'* como en el sentido de la preposición francesa *'par').*
Segunda relativización. Dentro del ordenamiento, la validez sintáctica está relativizada a la regla noético-constitutiva llamada norma fundamental (*Grundnorm*). La norma fundamental no es origen diacrónico de validez sintáctica (como uno de sus nombres, *'Ursprungsnorm',* sugiere), sino *origo* sincrónico (el latinismo es de Karl Bühler) de cada juicio de validez. Cf. Amedeo G. CONTE, *Validità,* 1974; *Konstitutive Regeln und Deontik,* 1981; *Nove studi sid linguaggio normativo,* 1985; *Fenomeni di fenomeni,* 1986.
La constitutividad de la norma fundamental ha sido múltiplemente afirmada por múltiples autores. El primero fue, quizás, Gaetano CARCATERRA, *Le norme costitutive,* 1974. Según Giampaolo M. AZZONI *Condizioni constitutive,* 1986; *Il concetto di condizione nella tipología delle regole,* 1988), son al menos cuatro los sentidos en los que se ha afirmado la constitutividad de la norma fundamental. La norma fundamental ha sido concebida como regla **noético**-constitutiva, como regla **eidético**-constitutiva, como regla **thético**-constitutiva y como regla **nómico**-constitutiva.
No puedo dejar de advertir que, en relación con cualquiera de las interpretaciones posibles de la norma fundamental en los términos de la reciente tipología hexádica de las reglas constitutivas, puede citarse una máxima del filósofo que, de la teoría de la norma fundamental y de la teoría de las reglas constitutivas, es origen y *origo,* Immanuel Kant. Escribe Kant que «die Vernunft nur das einsieht, was sie selbst nach ihrem Entwürfe hervorbringt»: «La razón ve sólo lo que ella misma, según su propio diseño, produce.»

Pero el aparente carácter paradójico del concepto no legitima el silencio sobre el mismo. Del mismo modo que las matemáticas tratan entidades aparentemente anormales como los números irracionales (*irrationale Zahlen, irrational numbers, nombres irrationnels, numeri irrazionali),* la filosofía debe también afrontar con valentía el estudio de los conceptos irracionales, de los *irrationale Begriffe.*

1.3.2.1. Codificación nomogràfica vs. codificación nomotética

Ilustraré el concepto de validez sintáctica athética citando dos casos opuestos de codificación (*Kodifizierung, codification, codification, codificazione)* de status deónticos athéticamente válidos:

- (i) una codificación **nomogràfica** (codificación en la que un *nomos* es objeto de *descripción*), y
- (ii) una codificación **netnotética** (codificación en la que un *nomos* es objeto de **posición**).

1.3.2.1.1. Codificación nomogràfica

El primer ejemplo de validez sintáctica athética es la validez que es objeto de codificación **nomogràfica** (*nomograplüsche Kodifizierung, codification nomographique, nomographic codification, codificazione nomografica)* en el «codice della vendetta barbaricina» redactado por el filósofo del derecho Antonio Pígliaru (1922-1969).

El resultado de la codificación nomogràfica realizada por Pígliaru es *«Il codice della vendetta barbaricina».* Este código (23 artículos) está editado en Antonio Pígliaru, *La vendetta barbaricina come ordinamento giuridico,* 1959.

Del carácter nomogràfico (y no nomotético) de la codificación de Pígliaru es una muestra el artículo determinado *'il'* en el título dado por Pígliaru a su código: *Il codice della vendetta barbaricina.*

1.3.2.1.2. Codificación nomotética

El segundo ejemplo de validez sintáctica athética es la validez que es objeto de codificación **nomothética** (*nomothetische Kodifizierung, codification nomothétique, nomoihetic codification, codificazione nomothética*) en los «*deklarative Normsätze*» (enunciados deónticos declarativos) teorizados por Theodor Geiger (1891-1952) en las *Vorstudien zu einer Soziologie des Rechts,* 1947. El concepto de enunciado deóntico **declarativo** [*deklarativer Normsatz*] es introducido por Geiger en oposición al concepto de enunciado deóntico **proclamativo** [*proklamativer Normsatz*].

1.3.2.2. Enunciado deóntico proclamativo vs. enunciado deóntico declarativo

1.3.2.2.1. Enunciado deóntico proclamativo

Enunciado deóntico proclamativo [«*proklamativer Normsatz*»] es el *Normsatz* a través del cual una *Norm* es théticamente estatuida [«*statuiert*»], introducida [«*eingeführt*»], creada [«*geschafft*»].

1.3.2.2.2. Enunciado deóntico declarativo

Enunciado deóntico declarativo [«*deklarativer Normsatz*»] es, por el contrario, el *Normsatz* que constata («*kojistatiert*», «*stellt fest*»: Geiger recurre tanto a «*feststellen*» como a «*konstatieren*») la subsistencia [«das *Bestehen*»] de una norma subsistente, de un modelo de comportamiento arraigado.

De la norma subsistente, el enunciado deóntico declarativo es expresión y consolidación[5]. Enunciado deóntico declarativo, *Deklarativer Normsatz*, puede parecer un concepto **autocontradictorio** (así como, simétricamente, puede parecer un concepto tautológico el concepto opuesto de enunciado deóntico proclamativo, *proklamativer Normsatz*).

En realidad, no existe incoherencia. El aparente carácter autocontradictorio del concepto de *deklarativer Normsatz* se disipa si se percibe la distinción entre validez **thética** y validez **athética.**

Es **verdad** que un *deklarativer Normsatz* es tanto constatación (*Feststellung*) como constitución (*Feststellung*) de validez.

Pero es **falso** que la **misma** validez sea objeto de constatación y de constitución (de *Feststellung* y de *Festsetzung*).

Los *deklarative Normsätze* son *Feststellung* [constatación] de validez **athética,** y *Festsetzung* [constitución] de validez **thética.**

2. SINTAGMÁTICA DE LA VALIDEZ

2.1. Del triángulo deóntico al octaedro deóntico

De la paradigmática a la sintagmática. En la *Paradigmática de la validez* (epígrafe 1.) he construido primero una **tríada,** y después una **héxada** de conceptos de validez deóntica.

[5] Cf. Theodor Geiger, *Vorstudien zu einer Soziologie des Rechts*, 1947, 1964 (2ª ed.), 1970 (3ª ed.).

Los términos de la **tríada** eran: validez sintáctica, validez semántica, validez pragmática.

Los términos de la **héxada** (héxada producida por la combinación del paradigma triádico: sintáctico *vs.* semántico *vs.* pragmático, con el paradigma diádico: thético *vs.* athético) eran: validez sintáctica thética y validez sintáctica athética; validez semántica thética y validez semántica athética; validez pragmática thética y validez pragmática athética.

2.1.1. El triángulo deóntico

La red *(Netz, réseau, net, rete)* de las posibles relaciones entre las 'validez' de la tríada puede representarse gráficamente con el triángulo que he llamado **triángulo deóntico** *(deontisches Dreieck, triangle déontique, deontic triangle, triangolo deontico).*

Los tres vértices *(Ecken, sommets, vertices, vertid)* representan las 'validez' de la tríada (validez sintáctica, validez semántica, validez pragmática).

Los tres lados (*Seiten, côtes, sides, lati*) del triángulo deóntico, que unen cada uno de los tres vértices (cada una de las tres 'validez' deónticas) con cada uno de los dos restantes vértices (con cada una de las dos restantes 'validez'), representan gráficamente la red de las posibles relaciones entre los términos de la **tríada** de la validez (validez sintáctica, validez semántica, validez pragmática).

2.1.2. El octaedro deóntico

Del triángulo deóntico (que representa la red de las posibles relaciones entre los términos de la **tríada** de la validez: validez sintáctica, validez semántica, validez pragmática) es expansión y desarrollo el **octaedro deóntico** elaborado por Giampaolo M. Azzoni. (El octaedro es, como es sabido, uno de los cinco poliedros platónicos, uno de los cinco *Platonische Körper.)*

El octaedro deóntico (*deontisches Oktaeder, octaèdre déontique, deontic octaheder, ottaedro deontico)* representa la red de las posibles relaciones entre los términos de la **héxada** de la validez.

En el octaedro deóntico, los seis vértices representan las seis 'validez' de la héxade (validez sintáctica thética y validez sintáctica athética; validez semántica thética y validez semántica athética; validez pragmática thética y validez pragmática athética).

En el diseño (bidimensional) que representa el tridimensional octaedro deóntico, se diseñan 15 segmentos. De los 15 segmentos, 12 son las aristas del octaedro.

Estos 15 segmentos, que unen cada vértice con cada uno de los cinco restantes vértices (cada una de las 'validez' con cada una de las cinco restantes 'validez' de la héxade), representan gráficamente la red de las posibles relaciones entre las seis 'validez' de la héxade.

2.2. Tres preguntas sobre la validez deóntica

El triángulo deóntico y el octaedro deóntico suscitan inmediatamente tres preguntas fundamentales para la deóntica filosófica. Las tres preguntas no están ordenadas paratácticamente: la segunda presupone la respuesta afirmativa a la primera; y la tercera, a su vez, presupone la respuesta afirmativa a la segunda (y, por ello, también presupone la respuesta afirmativa a la primera).

2.2.1. Primera pregunta

¿Existen relaciones de condición (Bedingungsverhältnisse *o* Bedingungsrelationen, condition-relationships, rapports de condition, rapporti di condizione) *entre las tres 'validez' representadas sobre sus vértices?*

2.2.2. Segunda pregunta

Y, si existen relaciones de condición entre las 'validez':

¿Qué validez condiciona a qué validez?

(¿Entre qué vértices del triángulo deóntico y del octaedro deóntico median relaciones de condición?)

2.2.3. Tercera pregunta

Y, si subsisten relaciones de condición entre al menos dos de los vértices:

¿De qué especie de condición se trata?

2.2.3.1. ¿Se trata de una condición **necesaria** (*notwendige Bedingung, condition nécessaire, necessary condition, condizione necessaria*)?

2.2.3.2. ¿Se trata de una condición **suficiente** (*hinreichende Bedingung, condition suffisante, sufficient condition, condizione suficiente*)?

2.2.3.3. ¿Se trata de una condición **necesaria** y **suficiente** (*notwendige und hinreichende Bedingung, condition nécessaire et suffisante, necessary and sufficient condition, condizione necessaria e sufficiente*)?

2.3. Una ecuación de tres incógnitas

La respuesta a las preguntas sobre las relaciones entre las formas de validez deóntica distinguidas en **Paradigmática de la validez** comporta una *metábasis eis állo génos.* Cada respuesta significa fatalmente pasar del plano neutro de los **conceptos** *(Begriffe)* al plano (no neutro) de las **concepciones** *(Auffassungen).* Cada respuesta está en función de la *Weltanschauung* y de la *Wertanschauung* (la *Welt* es el mundo, el *Wert* es el valor) del filósofo que afronta la deóntica de la validez.[6]

2.3.1. Los términos de algunas de las grandes antítesis de la historia de la filosofía (por ejemplo, la antítesis entre iusnaturalismo e iuspositivismo) pueden interpretarse a la luz de las distintas respuestas posibles a estas preguntas.

2.3.2. Teoría de la validez sintáctica (en sus dos especies: validez sintáctica thética y validez sintáctica athética), teoría de la validez semántica (en sus dos especies: validez semántica thética y validez semántica athética), teoría de la validez pragmática (en sus dos especies: validez pragmática thética y validez pragmática athética) son tres teorías convergentes.

La deóntica de la validez es una ecuación de tres incógnitas.

Traducción española de Carlos Alarcón Cabrera

BIBLIOGRAFÍA

AZZONI, GIAMPAOLO M., *Condizioni costitutive.* «Rivista internazionale di filosofia del diritto», 63 (1986), pp. 160-195.

AZZONI, GIAMPAOLO M., *Il concetto di condizione nella tipologia delle regole.* Padova, Cedam, 1988.

[6] El término *'Weltanschauung'*, transparentemente modelado a partir de *'Wertanschauung'*, consta de *'Wert'* (correspondiente a 'valor') y de *'Anschauung'* (correspondiente a 'visión').
Un juego de palabras paralelo a éste (*'Weltanschauung'*, *'Wertanschauung'*) aparece en Maria-Elisabeth CONTE (*Coerenza, interpretazione, reinterpretazione,* 1986; *Condizioni di coerenza,* 1988), quien habla de *Weltvorstellungen* y de *Wervorstellungen* del intérprete. (Las *Weltvorstellungen* son las representaciones del mundo; las *Wervorstellungen* son los sistemas de valores, las representaciones de los valores.)

CARCATERRA, GAETANO, *Le norme costitutive*. Milano, Giuffrè, 1974.

CONTE, AMEDEO G., *In margine all'ultimo Kelsen*. Studia ghisleriana, serie I, 4 (1967), pp. 113-125. Reedición con algunas modificaciones en: Guastini, Riccardo (ed.), *Problemi di teoria del diritto*. Bologna, Il Mulino, 1980, pp. 197-208. Reedición de la segunda edición en: Conte, Amedeo G., *Filosofia del linguaggio normativo I. Studi 1965-1981*. Torino, Giappichelli, 1989, pp. 17-30.

CONTE, AMEDEO G., *Primi argomenti per una critica del normativismo*. Pavia, Tipografia del libro, 1968.

CONTE, AMEDEO G., *Studio per una teoria della validità*. «Rivista internazionale di filosofia del diritto», 47 (1970), pp. 331-354. Reedición con algunas modificaciones en: Guastini, Riccardo (ed.), *Problemi di teoria del diritto*. Bologna, Il Mulino, pp. 325-342. Reedición de la segunda edición en: Conte, Amedeo G., *Filosofia del linguaggio normativo I. Studi 1965-1981*. Torino, Giappichelli, 1989, pp. 55-74.

CONTE, AMEDEO G., *Ricerca d'un paradosso deontico*. «Rivista internazionale di filosofia del diritto», 51 (1974), pp. 481-511. Reedición: Conte, Amedeo G., *Ricerca d'un paradosso deontico*. Pavia, Tipografia del libro, 1974. Segunda reedición en: Conte, Amedeo G., *Filosofia del linguaggio normativo I. Studi 1965-1981*. Torino, Giappichelli, 1989, pp. 75-116.

CONTE, AMEDEO G., *Validità*. En: *Novissimo digesto italiano*. Torino, UTET, vol. XX, 1975, pp. 418-425. Reedición en: Conte, Amedeo G., *Filosofia del linguaggio normativo I. Studi 1965-1981*. Torino, Giappichelli, 1989, pp. 117-145.

CONTE, AMEDEO G., *Experimente mit der Fachsprache der Deontik*. En: Petöfi, János S. / Podlech, Adalbert / Savigny, Eike von (eds.), *Fachsprache-Umgangssprache*. Kronberg im Taunus, Scriptor Verlag, 1975, pp. 225-244.

CONTE, AMEDEO G., *Su Carcaterra*. «Rivista di filosofia», 67 (1976), pp. 101-105. Reedición en: Conte, Amedeo G., *Filosofia del linguaggio normativo I. Studi 1965-1981*. Torino, Giappichelli, 1989, pp. 165-169.

CONTE, AMEDEO G., *Codici deontici*. En: *Intorno al «codice». Atti del terzo convegno della AISS Associazione italiana di studi semiotici* (Pavia, 1975). *Firenze, La Nuova Italia,* 1976, pp. 13-25.

CONTE, AMEDEO G., *Aspetti della semantica del linguaggio deontico.* En: di Bernardo, Giuliano (ed.), *Logica deontica e semantica.* Bologna, Il Mulino, 1977, pp. 147-175. Reedición en: Conte, Amedeo G., *Filosofia del linguaggio normativo I. Studi 1965-1981.* Torino, Giappichelli, 1989, pp. 171-191.

CONTE, AMEDEO G. / HILPINEN, RISTO / WRIGHT, GEORG H. VON (eds.), *Deontische Logik und Semantik.* Wiesbaden, Athenaion, 1977.

CONTE, AMEDEO G., *Deux questions en réponse à une critique de Georges Kalinowski.* «Logique et analyse», 21 (1978), pp. 79-88.

CONTE, AMEDEO G., *Parerga leibnitiana.* En: Maretti, Enrico / Ciampi, Costantivo / Martino, Antonio Anselmo (eds.), *Logica, informatica, diritto.* I. Firenze, Le Monnier, 1978, pp. 217-255.

CONTE, AMEDEO G., *Konstitutive Regeln und Deontik.* En: Morscher, Edgar / Stranzinger, Rudolf (eds.), *Ethik.* Wien, Hölder-Pichler-Tempsky, 1981, pp. 82-86.

CONTE, AMEDEO G., *Variationen über Wittgensteins Regelbegriff.* En: Haller, Rudolf (ed.), *Sprache und Erkenntnis.* Wien, Hölder-Pichlerj-Tempsky, 1981, pp. 69-78.

CONTE, AMEDEO G., *Regola costitutiva in Wittgenstein.* En: Castellani, Francesca (ed.), *Uomini senza qualità. La crisi dei linguaggi scientifici nella Vienna degli anni Venti.* Trento, Dipartamento di Metodologia, *Teoria e Storia sociale,* 1981, pp. 51-68. Reedición en: Conte, Amedeo G., *Filosofia del linguaggio normativo I. Studi 1965-1981.* Torino, Giappichelli, 1989, pp. 237-254.

CONTE, AMEDEO G., *Paradigmi d'analisi della regola in Wittgenstein.* En: Egidi, Rosaria (ed.), *Wittgenstein.* Napoli, Guida, 1983, pp. 37-82.

CONTE, AMEDEO G., *Nove studi sul linguaggio normativo.* Torino, Giappichelli, 1985.

CONTE, AMEDEO G., *Fenomeni di fenomeni.* «Rivista internazionale di filosofia del diritto», 63 (1986), pp. 29-57.

CONTE, MARIA-ELISABETH, *Coerenza, interpretazione reinterpretazione.* «Lingua e stile», 21 (1986), pp. 357-372.

CONTE, MARIA-ELISABETH, *Condizioni di coerenza.* Firenze, La Nuova Italia, 1988.

GEIGER, THEODOR, *Vorstudien zu einer Soziologie des Rechts.* Kobenhavn, E. Munksgaard, 1947.

KALINOWSKI, GEORGES, *La cause de certaines antinomies juridiques.* «Logique et analyse», 21 (1978), pp. 89-110.

KALINOWSKI, Georges, *Réponse à Amedeo G. Colite.* «Logique et analyse», 21 (1978), pp. 121-122.

EL MATERIALISMO EIDOLÓGICO DE KARL MARX

PAOLO DI LUCIA

Matter matters, too.
Nicholas Georgescu-Roegen

0. NOMOGRAFÍA: FORMA Y MATERIA EN LA NORMACIÓN

0.1. «The term 'nomography' will be employed to distinguish that part of the art of legislation which has relation to the *form* given, or proper to be given, to the *matter* of which the body of the law and its several parties are composed: the *form*, in contradistinction to the *matter*.»[1]

Así define Jeremy Bentham (1748-1832), al principio del XIX siglo, los confines de una nueva ciencia: la *nomografía*.

0.2. El presente ensayo no está dedicado a la nomografía o ciencia de la normación, sino que es un fragmento de una investigación más amplia sobre los fundamentos de la nomografía.

En otras palabras, el sujeto de mi ensayo no es la cuestión de *cómo* el legislador *debería* dar forma a la materia del derecho, por usar la expresión de Jeremy Bentham. Mi ensayo está dedicado a las condiciones de posibilidad de la normación.

---

1 «El término 'nomografía' se empleará para distinguir la parte de la técnica de la legislación que concierne, más que a la *materia (matter)*, a la *forma (form)* que un *corpus* legal y las diversas partes de las que se compone tienen o deben tener: *la forma* in tanto que distinta de la *materia*.»
Jeremy Bentham, *Nomography, or the Art of Inditing Laws*. En: John Bowring (ed.), *The Works of Jeremy Bentham*. Edinburgh, William Tait, vol. III, 1843, pp. 231-283, p. 233.

Una investigación sobre las condiciones de posibilidad de la *nomografía* empieza con la formulación de una pregunta crucial y decisiva: ¿cuál es la relación entre la *regla* y lo *que se regula*?

Para investigar las relaciones entre la regla y lo regulado es necesario distinguir dos preguntas:

– (i) Primera pregunta: ¿hay reglas que constituyen los propios objetos?

– (ii) Segunda pregunta: ¿hay objetos que constituyen las propias reglas?

0.3. La primera pregunta que he formulado (¿hay reglas que constituyen los propios objetos?) ha tenido al menos dos respuestas afirmativas: la de Gaetano Carcaterra y la de Amedeo G. Conte.

Contrariamente, para la segunda pregunta (¿hay objetos que constituyen las propias reglas?) no es fácil ni siquiera encontrar una explícita formulación.

Una implícita formulación y una respuesta afirmativa, acerca de la segunda pregunta, se encuentra, sin embargo, en algunos escritos de juventud de Carlos Marx (1818-1883), publicados en 1842 sobre la «Gaceta Renana» («Rheinische Zeitung»).

En estos escritos, Marx se pregunta radicalmente cuál es la relación entre *forma* y *materia* en la normación, y para responder a esta cuestión formula una tesis muy atractiva, que llamo tesis del *materialismo eidológico.*

A la primera pregunta (¿hay reglas que constituyen los propios objetos?) está dedicado el primer parágrafo de este ensayo titulado: *Cómo hacer cosas con reglas;* a la segunda pregunta (¿hay objetos que constituyen las propias reglas?), y acerca de la tesis del materialismo eidológico de Karl Marx, está dedicado el segundo parágrafo titulado: Cómo *hacer reglas con cosas.*

1. CÓMO HACER COSAS CON REGLAS[2]

Acerca de la pregunta de si hay reglas que constituyen los propios objetos, en la filosofía del derecho contemporánea, se encuen-

[2] 'Cómo hacer cosas con reglas' es la traducción de *'How to Do Things with Rules'*, el título icástico del libro de David Miers y William Twining (Weidenfeld & Nicolson, London, 1976). Los autores aluden, en el título, al libro de John Langshaw Austin: *How to Do Things with Words.* London, Oxford University Press, 1962.

tran dos respuestas afirmativas en las obras de Gaetano Carcaterra y Amedeo G. Conte.

Carcaterra y Conte formulan paralelamente y independientemente una teoría de la constitutividad de las reglas, aunque el concepto de constitutividad es efectivamente muy diferente en las obras de los dos autores. Veamos eso en detalle.

1.1. Las *normas constitutivas* según Gaetano Carcaterra

1.1.1. En un primer sentido del verbo 'constituir', una respuesta afirmativa acerca de la pregunta de si hay reglas que constituyen sus propios objetos se encuentra en la obra del filósofo del derecho italiano Gaetano Carcaterra.

Según Carcaterra, hay normas que constituyen *inmediatamente* el propio objeto.

Un caso paradigmático de norma constitutiva es, según Carcaterra, la disposición derogatoria.[3]

Veamos los tres ejemplos de norma constitutiva formulados por Gaetano Carcaterra:

«Quando il legislatore ha detto «l'art. 100 del codice penale è abrogato», non stava constatando una già avvenuta abrogazione; quando ha stabilito che l'ordinamento italiano «si conforma alle norme dell'ordinamento internazionale generalmente riconosciute», non prendeva atto di una conformità realizzatasi per sé; quando ha dichiarato che il minore «ha» il domicilio nel luogo di residenza della famiglia o quello del tutore, non stava raccontando un fenomeno esistente per suo conto. Tutte queste situazioni sono venute in essere non già indipendentemente dall'atto, bensì proprio in seguito al suo porsi e, per così dire, alla sua forza produttiva.»

1.1.2. Como ha observado Amedeo G. Conte, las normas constitutivas de Carcaterra son constitutivas porque no *prescriben* una conducta a un sujeto, sino que «ponen por sí misma el estado de cosas sobre el que versan». Escribe Carcaterra:

«la produttività delle norme in questione [le norme costitutive] è altra dalla produttività delle proposizioni *prescrittive* [...]. Le

---

[3] La primera formulación de la teoría de las normas constitutivas de Gaetano Carcaterra es la obra: *Le norme costitutive*, Milano, Giuffrè, 1974.

proposizioni *prescrittive* tendono a produrre un evento esercitando una pressione sul comportamento di qualcuno, le norme di cui ci occupiamo producono l'effetto, che è il loro scopo e il loro contenuto, realizzandolo da sé; lo costituiscono - ecco la caratteristica - nel momento stesso del loro entrare in vigore. Si possono perciò chiamare *costitutive,* o anche, con parola forse più familiare al giurista, norme dispositive.»

1.1.3. El concepto de norma que no prescribe conducta alguna no es nuevo en la filosofía del derecho. Una interesante anticipación del concepto de norma constitutiva de Gaetano Carcaterra es el concepto di *Gestaltungsfestsetzung* del filósofo alemán Herbert Spiegelberg (1904-1990).

No es por azar que Spiegelberg, como Carcaterra, se base en la teoría de los actos sociales del fenomenólogo alemán Adolf Reinach.

Según Spiegelberg:

«Festsetzungen sind also nicht notwendig Pflichtfestsetzungen. Es ist aber nicht einmal so, daß Gesetze notwendig irgendein Verhalten, ein Tun oder Unterlassen zum Gegenstand hätten, Verpflichtungen aufstellten, die erst in Zukunft zu erfüllen, Berechtigungen gewährten, die erst in Zukunft auszuüben wären. Das ist gewiß der bei weitem häufigste Fall. Zum Wesen eines Festsetzungsgedankens gehört eine solche unmittelbare Verhaltungsnormierung trotzdem nicht. Sie bedeutet ein Mehr einer besonderen Festsetzungsart gegenüber der Festsetzung überhaupt. Durch die Festsetzung kann z. B. auch unmittelbar ein Sachverhalt geschaffen werden, der einer weiteren Verwirklichung weder fähig noch bedürftig ist. Man könnte solche Gesetze auch als Gestaltungsgesetze bezeichnen in Analogie zu den sog. Gestaltungsurteilen eines Gerichsthofs, durch die unmittelbar Rechtsverhältnisse, z. B. Eigentum gestaltet, geschaffen oder vernichtet wird.[4]

«No necesariamente las normas instituyen obligaciones. No necesariamente las leyes tienen por objeto un comportamiento (comisivo

---

4 Herbert Spiegelberg, *Gesetz und Sittengesetz,* Zürich, Niehans, 1935, p. 54. Traducción italiana de Paolo di' Lucia: *Leggi costitutive,* 1935. En: Uberto Scarpelli/Paolo dìLucia (eds.), *Il linguaggio del diritto.* Milano, LED, 1994, pp. 115-117, p. 115.

u omisivo); no necesariamente las leyes instituyen un deber jurídico a cumplir en el futuro; no necesariamente las leyes adscriben un derecho a ejercitar en el futuro. Indudablemente, lo más frecuente es que una norma tenga por objeto un comportamiento. Pero no necesariamente una norma es directa normación de un comportamiento. Mediante normas se constituyen inmediatamente estados de cosas que ni consienten ni admiten realización. Tales leyes se pueden denominar leyes constitutivas [*Gestaltungsgesetze*] en analogía con las llamadas sentencias constitutivas [*Gestaltungsurteile*] dictadas por los Tribunales de Justicia (sentencias mediante las cuales se constituyen, modifican o extinguen relaciones jurídicas, como por ejemplo la propiedad).»

1.2. Las reglas constitutivas según Amedeo G. Conte

1.2.1. En un segundo sentido del verbo 'constituir', una respuesta afirmativa acerca de la pregunta de si no hay reglas que constituyen los propios objetos se encuentra en la teoría de las reglas constitutivas de Amedeo G. Conte.[5]

Conte define las reglas constitutivas («regole-eidetico costitutive») como las reglas que «son el 'prius' de aquello sobre lo que versan en el triple sentido de que de ello son condición de concebibilidad, de posibilidad y de perceptibilidad».

Estas reglas no versan sobre actos, situaciones o estados de cosas cronológicamente preexistentes ni ontológicamente independientes, sino que en sí mismas constituyen la actividad sobre la que versan. El caso paradigmático de reglas que son el prius de aquello que reglan son las reglas del juego: el juego no preexiste ni es ontológicamente independiente de las reglas.

En contraste con la significación común del término regla, se invierte la relación entre ésta y aquello que regla. Las reglas constitutivas no son posteriores a las situaciones reguladas y no derivan lógicamente de la experiencia de las acciones que se realizan conforme a ellas, ya que precisamente son condiciones de posibilidad de esa misma experiencia.

---

[5] El primer ensayo de Conte sobre la constitutividad es: *Regola costitutiva in Wittgenstein*, 1981. Reedición en: *Filosofia del linguaggio normativo. I Studi 1965-1981*. Torino, Giappichelli, 1989. Sobre la constitutividad de las reglas constitutivas de Conte cfr. Carlos Alarcón Cabrera, *Sobre el concepto y la tipología de las reglas constitutivas*, 1991.

1.2.2. ¿En qué sentido hay en el derecho *(en el orden jurídico)* reglas que constituyen los propios objetos?

Según Conte, en el derecho son constitutivas las reglas que ponen condiciones necesarias de aquello que reglan. Reglas que Conte llama reglas anankástico-constitutivas (por el nombre griego de la necesidad: *ananke).*

Un ejemplo es el artículo 602 del Código Civil italiano que prescribe que un testamento ológrafo sea firmado, como condición necesaria de validez del acto: «Un testamento ológrafo tiene que ser firmado.»

Esta regla, en términos semióticos, presupone el concepto de testamento (la *connotación* del término 'testamento'), pero constituye el objeto testamento (determina la *denotación* del término 'testamento'; porque pone una condición necesaria de lo que este término designa). En este preciso sentido, la regla del artículo 602 del Código civil italiano constituye su propio objeto.[6]

2. CÓMO HACER REGLAS CON COSAS

2.0. La vocación deóntica de las cosas

Mientras la primera pregunta que he formulado (¿hay reglas que constituyen los propios objetos?) ha tenido al menos dos respuestas afirmativas, para la segunda pregunta (¿hay cosas que constituyen sus propias reglas?) es, como he dicho, difícil encontrar una formulación explícita.

Una excepción se halla en el filósofo alemán Carlos Marx, quien en sus escritos de juventud afirmó que los objetos materiales constituyen las propias reglas (llamo esta tesis *tesis del materialismo eidológico).*

La reflexión de Marx sobre este tema se articula en artículos en los que Marx discute un proyecto de ley de la Dieta regional, llamada a decidir si considera o no robo el hecho de sustraer ramas de árbol o de recoger leña seca, castigándolo como la sustracción de madera verde y en pie.

---

6 Cfr. Giampaolo M. Azzoni, *Il concetto di condizione nella tipologia delle regole*. Padova, CEDAM, 1988.

2.1. El materialismo eidológico de Karl Marx

La tesis de Marx del materialismo eidológico, según la cual los objetos materiales no son deónticamente inertes, sino que tienen *una vocación deontica* (y constituyen sus propias reglas), se coloca en el contexto de su concepción filosófica que Gerald Cohen ha denominado: «el comunismo como liberación del contenido.»

Esta tesis, que llamo tesis del materialismo eidológico, puede ser, efectivamente, descrita como un capítulo de «la conquista de la forma por la materia».

Veamos ahora cómo nace esta tesis y cómo Marx la introduce en sus escritos de juventud.

2.1.1. El legislador como científico (Naturforscher)

A la pregunta de si hay objetos que constituyen sus propias reglas, Marx da, como he dicho, una respuesta afirmativa.

Esta respuesta se inscribe en su concepción (más general) del legislador como científico (*Naturforscher*).

Marx niega que la acción del legislador consista en forjar y conformar una *materia inerte,* imprimiéndole *ex novo* una *forma.*

Los objetos -afirma Marx- *no* son deónticamente (o normativamente) *inertes.* Precisamente en virtud de su propia estructura eidética material, un objeto material prefigura y preconstituye sus propias reglas.

Escribe Marx:

«Der Gesetzgeber hat sich wie ein Naturforscher zu betrachten. Er *macht* die Gesetze nicht, er erfindet sie nicht, er formuliert sie nur, er spricht die innern Gesetze geistiger Verhältnisse in bewußten positiven Gesetze aus.»

«El legislador debe considerarse a sí mismo como un científico (*Naturforscher*). No es él quien *hace* las leyes, no las inventa, sino que se limita a formularlas, expresando en leyes positivas y conscientes las leyes interiores de las relaciones espirituales.»

2.1.2. La no-inercia deóntica de los objetos (materiales y sociales)

Según Marx, la reconfiguración del rol del legislador como científico (*Naturforscher*) obliga a revisar la relación entre la verdad y la ley.

«Das Gesetz ist nicht von der allgemeinen Verpflichtung entbunden, die Wahrheit zu sagen. Es hat sie doppelt, denn es ist der allgemeine und authentische Sprecher über die *rechtliche Natur der Dinge.* Die rechtliche Natur der Dinge kann sich daher nicht nach dem Gesetz, sondern das Gesetz muß sich nach der rechtlichen Natur der Dinge richten.»

«La ley no se halla exenta del deber general de decir la verdad. Sobre ella pesa este deber por doble concepto, pues es la llamada a definir de un modo general y auténtico la naturaleza jurídica de las cosas. No es, pues, la naturaleza jurídica de las cosas la que tiene que atenerse a la ley, sino ésta a aquélla.»

En concreto, Marx mantiene que no son deónticamente inertes ni las cosas (los objetos y los estados de cosas) materiales ni las cosas (los objetos y los estados de cosas) sociales.

Así, elabora su tesis de la no-inercia deóntica de los objetos en dos momentos.

En primer lugar, Marx presenta el ejemplo de un objeto social (el *matrimonio);* en segundo lugar, formula el ejemplo de un objeto material (la *leña caída).*

La originalidad y la fecundidad heurística del análisis ontológico de Marx se manifiesta precisamente en la elección del ejemplo de la leña caída, que permite a Marx introducir la tesis que llamo tesis del *materialismo eidológico.* (Un breve comentario acerca de los términos castellano 'madera' y 'materialismo'. Curiosamente, el término que designa la leña en castellano 'madera' es etimológicamente afín al término 'materialismo'.)

2.1.2.1. La no-inercia deóntica de los objetos sociales: el ejemplo del matrimonio

El primer ejemplo de no-inercia deóntica de las cosas es el ejemplo de un *objeto social:* el matrimonio.

Según Marx, la *Natur der Sache,* la naturaleza de la «cosa» que es el matrimonio, limita y restringe la posibilidad del legislador de intervenir legislativamente acerca del propio matrimonio.

Como escribe Marx:

«Niemand wird gezwungen, eine Ehe zu schließen; aber jeder muß gezwungen werden, sobald er eine Ehe schließt, sich zum

Gehorsam gegen die Gesetze der Ehe zu entschließen. Wer eine Ehe schließt, der *macht,* der *erfindet* die Ehe nicht, so wenig als ein Schwimmer die Natur und die Gesetze des Wassers und der Schwere erfindet. Die Ehe kann sich daher nicht seiner Willkür, sondern seine Willkür muß sich der Ehe fügen.»

«A nadie se le obliga a casarse; pero, cuando lo hace, se le debe obligar a respetar las leyes matrimoniales. El que se casa no *crea,* no *inventa* el matrimonio, lo mismo que el nadador no inventa la naturaleza ni las leyes del agua y de la gravedad. No es, por tanto, el matrimonio el que debe someterse a su voluntad, sino su voluntad la que debe plegarse al matrimonio.»

Añade Marx:

«Der Gesetzgeber kann hinsichtlich der Ehe nur bestimmen, wann sie aufgelöst werden *darf,* also ihrem Wesen nach *aufgelöst* ist. Die richterliche Auflösung kann nur eine Protokollierung der inneren Auflösung sein. Der Gesichtspunkt des Gesetzgebers ist der Gesichtspunkt der Nothwendigkeit.»[7]

«Pues bien, el legislador, en lo que al matrimonio se refiere, no puede hacer otra cosa que determinar cuándo es *lícito* disolverlo, o, lo que tanto vale, cuándo está ya *disuelto* en su esencia. La disolución judicial del matrimonio se limita a protocolar su disolución interior. El punto de vista del legislador es el punto de vista de la necesidad.»

2.1.2.2. La no-inercia deóntica de los objetos materiales: el ejemplo de la leña caída

El segundo ejemplo de no-inercia deóntica de las cosas es el ejemplo de un *objeto material:* la leña caída.

Según Marx, la *Natur der Dinge,* la naturaleza del objeto material que es la leña caída limita y restringe la posibilidad del legislador de intervenir, calificando legislativamente la recogida de leña caída.

En particular, la diferencia *ontológica* entre leña verde y leña caída impide al legislador calificar también como «robo» la recogida de leña caída.

---

7 Karl Marx, *Der Ehescheidungsgesetzentwurf,* en «Rheinische Zeitung», Nr. 353, 19. Diciembre 1842, p. 289.

Escribe Marx:

«Sammeln von Raffholz und Holzdiebstahl sind also wesentlich verschiedene Sachen. Der Gegenstand ist verschieden, die Handlung in bezug auf den Gegenstand ist nicht minder verschieden, die Gesinnung muß also auch verschieden sein, denn welches objektive Maßsollten wir an die Gesinnung legen, wenn nicht den Inhalt der Handlung und die Form der Handlung? Und diesem wesentlichen Unterschiede zum Trotz nennt ihr beides Diebstahl und bestraft beides als Diebstahl.»

«Recoger ramas secas y robar madera son, por tanto, dos cosas esencialmente distintas. Recaen sobre distinto objeto, el acto que versa sobre el objeto es asimismo distinto y ello hace necesariamente que difiera también la intención, pues ¿por qué pauta objetiva podríamos medir la intención sino por el contenido y la forma del acto? Pero, a despecho de esta diferencia esencial, calificáis como robo estos dos actos distintos.»

Marx añade:

«Wenn das Gesetz eine Handlung, die kaum ein Holzfrevel ist, einen Holzdiebstahl nennt, so *lügt* das Gesetz, und der Arme wird einer gesetzlichen Lüge geopfert.»[8]

«Y si la ley llama robo de leña a un acto que apenas constituye una transgresión, la ley *miente,* y el pobre es inmolado a una mentira legal.»

2.1.3. Naturaleza de la cosa (Natur der Sache) vs. naturaleza del objeto (Natur der Dinge) en Marx

Analizando las dos referencias que hace Marx (al matrimonio y a la leña caída), resulta interesante (filológicamente y filosóficamente) observar cómo queda marcada lexicalmente la tesis del materialismo eidológico.

Mientras, efectivamente, en el caso del matrimonio Marx emplea el término *Natur der Sache,* en el segundo ejemplo, el ejemplo de la leña caída, emplea el término *Natur der Dinge.*

Así, Marx subraya también lexicalmente la heterogeneidad de los dos casos de no-inercia de las cosas: la no-inercia de los *objetos sociales* y la no-inercia de los *objetos materiales.*

---

[8] Karl Marx, *Debatten über das Holzdiebstahls-Gesetz,* en «Rheinische Zeitung», Nr. 298, 25. Octubre 1842, p. 202.

2.2. Límites eidológicos[9] versus límites oikológicos de la normación

2.2.1. La tesis del materialismo eidológico tiene importantes consecuencias en lo relativo a la teoría de los límites de la actividad legislativa.

En efecto, si los objetos materiales no son deónticamente inertes, sino que constituyen sus propias reglas, el legislador encuentra, en la configuración material de las *cosas mismas*, unos límites objetivos al ejercicio de la propia potencia crativa.

Ahora bien, mientras que en el caso del matrimonio los límites a la actividad legislativa son límites que derivan de la constitución intrínseca del matrimonio mismo (de sus leyes eidéticas), en el caso de la leña caída los límites a la actividad legislativa no derivan de la constitución esencial del objeto (de su pertenencia a un determinado *eidos)*, sino de su accidental configuración.

2.2.2. Con el ejemplo de la leña caída, Marx nos induce a concebir una nueva especie de límites de la normación: límites no-eidológicos que no dependen por tanto de la configuración eidética de la leña, sino de su accidental colocación en el ambiente (*oikos*) límites que por este motivo llamaré de ahora en adelante límites *oikológicos*.

Efectivamente, según Marx, la leña caída no puede ser objeto de propiedad privada no sólo en virtud de su esencia elemental (*elementarisches Wesen)*, sino en virtud de su existencia accidental (*zufälliges Dasein)*.

En general, existen según Marx objetos materiales que son, por su existencia accidental, refractarios a transformarse en objetos de propiedad, objetos susceptibles de derecho de ocupación.

Escribe Marx:

«Es gibt Gegenstände des Eigenthums, die ihrer Natur nach nie den Charakter des vorherbestimmten Privateigenthums erlangen können, die durch ihr elementarisches Wesen und ihr zufälliges Dasein dem Occupationsrecht anheimfallen, also dem

[9] Sobre el concepto de eidológico cfr. Luigi A. de Caro, *Eidonómico y eidológico*. En: Carlos Alarcón Cabrera (ed.), *Estudios de deóntica*. Sevilla, Castillejo, 1995, pp. 123-143.

Occupationsrecht der Klasse anheimfallen, welche eben durch das Occupationsrecht von allem ändern Eigenthum ausgeschlossen ist, welche in der bürgerlichen Gesellschaft dieselbe Stellung einnimmt wie jene Gegenstände in der Natur.»[10]

«Hay objetos de propiedad que, por su naturaleza, no pueden llegar nunca a adquirir el carácter de la propiedad privada determinada de antemano, sino que, por su carácter elemental y su existencia fortuita, se hallan sujetos al derecho de ocupación, y, por tanto, al derecho de ocupación de la clase que se halla precisamente al margen del derecho de ocupación de toda propiedad y que en la sociedad civil ocupa la misma posición que en la naturaleza ocupan aquellos objetos.»

2.2.3. Con el ejemplo de la leña caída, Marx introduce por tanto la hipótesis de una valencia deóntica de los objetos en su *oikos*. Una valencia que se manifiesta en la producción muda de las costumbres (*Gewonheiten*) y en un instintivo sentido del derecho *(ein instinktmäßiger Rechtssinn)*.

Escribe Marx:

«Auch in ihrer *Tätigkeit* findet die Armut schon ihr Recht. Im *Sammeln* stellt sich die elementarische Klasse der menschlichen Gesellschaft ordnend den Produkten der elementarischen Naturmacht gegenüber. Ähnlich verhält es sich mit Produkten, die in wildem Wachstum ein ganz zufälliges Akzidens des Besitzes und schon wegen ihrer UnbedeutenxiheitJceineii Gegenestand für die Tätigkeit des eigentlichen Eigentümers bilden; ähnlich verhält es sich mit dem Nachlesen, Nachernten und dergleichen Gewohnheitsrechten.»[11]

«Pero la pobreza encuentra ya su derecho en su propia *actividad*. Al *recoger* las ramas secas, la clase elemental de la sociedad humana cumple una función ordenadora con respecto a los productos de la potencia elemental de la naturaleza. Y lo mismo ocurre con los productos silvestres, que brotan como un mero accidente de la propiedad y que, por su misma carencia de valor, no brindan

[10] Karl Marx, *Debatten über das Holzdiebstahls-Gesetz*, en «Rheinische Zeitung», Nr. 300, 27. Octubre 1842, p. 208.

[11] Karl Marx, *Debatten über das Holzdiesbstahls-Gesetz*, en «Rheinische Zeitung», Nr. 300, 27. Octubre 1842, p. 209.

objeto a la actividad del propietario propiamente dicho: por eso acontece otro tanto con la recogida, la apropiación de las espigas caídas después de la recolección y otros derechos consuetudinarios análogos a éstos.»

Concluye Marx:

«Es lebt also in diesen Gewohnheiten der armen Klasse ein instinktmäßiger Rechtssinn; ihre Wurzel ist positiv und legitim.»[12]

«En estas costumbres de la clase pobre palpita, por tanto, un sentido jurídico instintivo, su raíz es positiva y legítima.»

Traducción española de Carlos Alarcón Cabrera

BIBLIOGRAFIA

ALARCÓN CABRERA, CARLOS, *Sobre el concepto y tipología de las reglas constitutivas.* «Anuario de filosofía del derecho», 8 (1991), pp. 273-295.

AUSTIN, JOHN LANGSHAW, *How to Do Things with Words.* London, Oxford University Press, 1962. Traducción castellana de Genaro R. Carrió y Eduardo A. Rabossi: *Cómo hacer cosas palabras.* Barcelona, Paidós, 1981.

AZZONI, GIAMPAOLO, *Il concetto di condizione nella tipologia delle regole.* Padova, CEDAM, 1988.

BENTHAM, JEREMY, *Nomography, or the Art of Inditing Laws.* En: John Bowring (ed.), *The Works of Jeremy Bentham.* Edinburgh, William Tait, voi. Ili, 1843, pp. 231-283.

BETANCUR, CAYETANO, *Ensayo de una filosofia del derecho.* Bogotá, Temis, 1959.

BUENO, GUSTAVO, *Materia.* Oviedo, Pentalfa, 1990.

CARCATERRA, GAETANO, *Le norme costitutive.* Milano, Giuffrè, 1974.

COHEN, GERALD A., *La teoría de la historia de Karl Marx. Una defeiisa.* Madrid, Pablo Iglesias, 1986.

CONTE, AMEDEO G., *Regola costitutiva in Wittgenstein.* En: Francesca Castellani (ed.). *Uomini senza Qualità. La crisi dei linguaggi*

[12] Karl Marx, *Debatten über das Holzdiesbstahls-Gesetz*, en «Rheinische Zeitung», Nr. 300, 27. Octubre 1842, p. 209.

scientifici nella Vienna degli anni Venti. Trento Dipartimento di Metodologia, Teoria e Storia sociale, 1981, pp. 51-68. Reedición en: A.G. Conte, *Filosofia del linguaggio normativo. I Studi 1965-1981.* Torino, Giappichelli, 1989.

CONTE, AMEDEO/ALARCÓN CABRERA, CARLOS, *Deóntica de la validez.* Madrid, Tecnos, 1995.

CONTE, AMEDEO G., *Forma performativa.* «Anuario de filosofía del derecho», 11 (1994), pp. 381-392.

CUETO RUA, JULIO, *Límites de la normación positiva de la conducta.* En: Abel J. Arístegui et alii (eds.), *Del actual pensamiento jurídico argentino.* Buenos Aires, Arayü, 1955, pp. 161-216.

DE CARO LUIGI A., *Eidonómico vs. eidológico.* In: Carlos Alar- cón Cabrera (ed.), *Estudios de deóntica.* Sevilla, Castillejo, 1995, pp. 123-143.

DI LUCIA, PAOLO (ed.), *Nomografía. Linguaggio e redazione delle leggi.* Milano, Giuffré, 1995.

DI LUCIA, PAOLO *Pragmática de los* actos *y ontología del derecho.* En: Adrián Rentiería Díaz (ed.), *Filosofía analítica y filosofía del derecho en Italia.* Juárez, Universidad Autónoma de Ciudad Juárez («Nóesis. Revista de ciencias sociales y humanidades», 9 (1997), pp. 61-75).

GIBSON, JAMES J., *An Ecological Approach to Visual Percep- tion.* Boston, Houghton-Mufflin, 1979. Reedición: Hillsdale, New Jersey, Lawrence Erlbaum, 1986.

LORINI, GIUSEPPE, *Sobre la teoría de los objetos jurídicos.* Manuscripto, 1999.

MARX, KARL, *Debatten über das Holzdiebstahls-Gesetz.* «Rheinische Zeitung.» Nr. 298, 25. Oktober 1842. Reedición en: Karl Marx, *Werke. Artikel Literarische Versuche bis März 1843.* Berlin, Dietz, 1975, pp. 199-205.

MARX, KARL, *Debatten über das Holzdiebstahls-Gesetz.* «Rheinische Zeitung.» Nr. 300, 27. Oktober 1842. Reedición en: Karl Marx, *Werke. Artikel Literarische Versuche bis März 1843.* Berlin, Dietz, 1975, pp. 206-214.

MARX, KARL, *Der Ehescheidungsgesetzentwurf.* «Rheinische Zeitung.» Nr. 353, 19. Dezember 1842. Reedición en: Karl Marx, *Werke. Artikel Literarische Versuche bis März 1843.* Berlin, Dietz, 1975, pp. 287-290.

MARX, CARLOS, *Escritos de juventud.* Traducción castellana de Wenceslao Roces. México, Fondo de Cultura Económica, 1982.

MIERS, DAVID/TWININIG, WILLIAM, *How to Do Things with Rides.* London, Weidenfeld & Nicholson, 1976.

Pérez Ruiz, Carlos, Lo *construcción social del derecho.* Sevilla, Universidad de Sevilla, 1996.

SPIEGELBERG, HEBERT, *Gesetz und Sittengesetz.* Zürich, Niehans, 1935. Traducción italiana de Paolo di Lucia: *Leggi costitutive.* En: Uberto Scarpelli / Paolo di Lucia (eds.), *Il linguaggio del diritto,* Milano, LED, 1994, pp. 54-115-117.

HACIA UNA TEORÍA DE LOS OBJETOS JURÍDICOS

GIUSEPPE LORINI

There are more things in heaven and earth, Horatio, than are dreamt of in your philosophy.

William Shakespeare[1]

1. LOS OBJETOS JURÍDICOS EN LA TEORÍA DEL OBJETO

1.1. «En el mundo hay una infinidad de cosas: la puesta de sol, el examen de doctorado, las melodías (tristes, bellas, apenas percibidas, guardadas en la memoria), el amigo y el enemigo, la situación económica, el cálculo diferencial, la mesa, el automóvil, las cosas en general (las amadas, las compradas, las perdidas...). Al mundo pertenecen también las cosas jurídicas (*rechtliche Dinge).*[2] Lo escribe Gerhart Husserl en el ensayo *Recht und, Welt,* de 1929.

El presente ensayo está justamente dedicado a la investigación de las *cosas jurídicas [rechtliche Dinge]* y, en particular, a la investigación de los *objetos jurídicos.*

1.2. El concepto de objeto jurídico *[rechtlicher Gegenstand o rechtliches Gebilde]* es investigado por un fenomenólogo alemán discípulo de Edmund Husserl: Adolf Reinach.

Reinach, uno de los principales componentes del círculo de Göttingen, investiga los objetos jurídicos en la obra *Die apriorischen Grundlagen des bürgerlichen Rechtes,* 1913, donde traza una fenomenología material del derecho.

Con el término *'objetos jurídicos'* Reinach entiende los objetos específicamente jurídicos, los objetos jurídicos en sí mismos, como la

---

1 William Shakespeare, *Hamlet,* I, V, 166-167.

2 En el ensayo *Recht und Welt,* 1929, 1964, p. 67, Gerhart Husserl escribe: «Mannigfache Gegenstände sind in der Welt: Sonnenuntergang, Doktorexamen, Melodien (traurige, schöne, eben erklingende, in der Erinnerung bewahrte), Freund und Feind, Wirtschafslage, Differentialrechnung, Gottesdienst, Kraftwagen, Seehunde, überhaupt Sachen (geliebte, gekaufte, verlorene ...). Zur Ausstattung der Welt gehören auch *rechtliche* Dinge».

propiedad, la pretensión y la obligación generados por una promesa, la representación o mandato, el testamento, el contrato.

De estos conceptos Reinach distingue los conceptos extrajurídicos *[außerrechtliche Begriffe]* que también pueden ser mencionados en la legislación y ser necesarios para el derecho, como los conceptos de armas propias *[Waffe]*, armas impropias *[gefährliche Werkzeuge]*, opinión *[Gesinnung]*, intención *[Vorsatz]*, falta *[Irrtum]*, pero que sin embargo no son conceptos específicamente jurídicos.[3]

1.3. Analizaré la naturaleza de los objetos jurídicos reformulando para las objetualidades jurídicas una pregunta que en ontología se ha formulado bastantes veces respecto a otros tipos de objetos, los cuales tienen en común con los objetos jurídicos la característica de no ser meros objetos físicos o naturales: ¿Qué tipo de objetos son los objetos jurídicos?

Por ejemplo, esta pregunta se ha planteado en el ámbito de la filosofía de las matemáticas respecto a los objetos matemáticos (como los números, las figuras geométricas)[4], y en el ámbito de la estética respecto a los objetos artísticos y las obras de arte[5].

El problema central de la ontología del objeto jurídico consiste en la determinación de las diferencias específicas que caracterizan al objeto jurídico. En otros términos: ¿cuáles son las cualidades que un objeto jurídico posee, y que no posee por ejemplo un objeto natural, un objeto bruto?

Una pregunta análoga se ha planteado en el contexto de la ontología del objeto estético por el fenomenólogo Roman Ingarden para distinguir el objeto material de la obra de arte, y en el contexto de la ontología de las entidades ficticias por Barry Smith para distinguir los objetos reales de los objetos ficticios como Sherlock Holmes.[6]

---

3 Adolf Reinach, *Die apriorischen Grundlagen des bürgerlichen Rechtes*, 1913, 1953, p. 12.

4 Sobre este tema, cfr. Miguel García-Baró, *Categorías, intencionalidad y números*, 1993, y Pieranna Garavaso, *La filosofia della matematica*, 1998.

5 Sobre la teoría de los objetos estéticos, cfr. Roman Ingarden, *Der Streit um die Existenz*, 1964-1974, y Mikel Dufrenne, *Phénoménologie de l'expérience esthétique*, 1953.

6 En el ensayo *Ingarden vs. Meinong on the Logic of Fiction*, 1980, Barry Smith estudia cuáles son los rasgos que distinguen a los objetos ficticios de los objetos reales. En particular, Smith sostiene que el rasgo que principalmente distingue a estos dos tipos de objetos consiste en la «*ontological incompleteness*» que caracteriza a los objetos ficticios.

1.4. La teoría de la objetualidad jurídica de Reinach se enmarca en el ámbito de la ontología, entendida como teoría de los objetos.

La teoría de los objetos nace con la distinción propuesta por Alexius Meinong en el ensayo *Über Gegenstände höherer Ordnung und deren Verhältnis zur inneren Wahrnehmung,* 1899, entre los «objetos reales» y los objetos que él llama «objetos de orden superior» u «objetos ideales».

Meinong llama «*reales* a los objetos que, aunque no existan efectivamente, por su naturaleza podrían no obstante existir (como, por ejemplo, una casa, un cronómetro, un libro... y, naturalmente, también los colores, los sonidos, la electricidad)».

En oposición a los objetos reales, Meinong define los objetos *ideales* como los «que, aunque se puede hablar de ellos, por su naturaleza no se podrían definir en rigor como existentes».[7] Son ejemplos de objetos ideales la carencia, el límite, el pasado, pero también la semejanza y los números.

Según Meinong, objetos reales y objetos ideales se distinguen desde el punto de vista de la modalidad de ser: los objetos reales «*existen*», mientras que los objetos ideales «*subsisten*».

Meinong no es sin embargo el único fundador de la teoría de los objetos. Casi contemporáneamente a Meinong (y en concreto un año después de la publicación del ensayo *Uber Gegenstände höherer Ordnung und deren Verhältniss zur inneren Wahrnehmung),* también Edmund Husserl (en los *Prolegomena zur reinen Logik)* delinea una «teoría *a priori* del objeto» en la que contrapone lo real a lo ideal.[8]

[7] Alexius Meinong, *Über Gegenstände höherer Ordnung und deren Verhältnis zur inneren Wahrnehmung,* 1899, 1971, p, 394: «Einen zweiten Gesichtspunkt bietet der schon einmal berührte Gegensatz des Realen und Idealen, wenn man die beiden sprachgebräuchlich freilich bereits recht mehrdeutig gewordenen. Termini so versitech, daB man Gegenstände real nennt, die, falls sie nicht wirklich existieren, ihrer Natur nach doch jedenfalls existieren könnten, also z. B. ein Haus, ein Chronograph, ein Buch, natürlich auch Farbe, Ton, Elektrizität u. dgl., im Gegensätze zu Gegenständen, die, auch wenn sie in gewisser Weise affirmiert werden müssen, doch wieder ihrer Natur nach niemals ohne Inkorrektheit als existierend bezeichnet werden dürfen».

[8] Del mismo modo que en las *Ideen zu einer reinen Phänomenologie und phänomenologischen Philosophie,* 1913, § 10, nota 2, en las *Logische Untersuchungen* impiega Husserl emplea el término 'teoría a *priori* del objeto' para designar lo que posteriormente llamará 'ontologia formale'.

Junto a objetos existentes en el mundo externo que se caracterizan por estar en el tiempo y en el espacio (además de caracterizarse por estar sometidos a la ley de la causalidad), existen según Husserl también objetos como los números que son «meros portadores de determinaciones puramente ideales» *[«bloße Träger rein idealer Bestimmungen»]*.[9]

2. EL PRIMER DESCUBRIMIENTO DE ADOLF REINACH: LOS OBJETOS JURÍDICOS

2.1. En el libro *Die apriorischen Grundlagen des bürgerlichen Rechtes,* Reinach sostiene que el descubrimiento de los objetos jurídicos es fundamental para la ontología de los objetos. Es con el descubrimiento de un tercer tipo de objetos irreductibles a las dos categorías de objetos distinguidas por Meinong cuando se abre la vía a una nueva investigación.

«La filosofía (como ontologia o teoría a *priori* del objeto que analiza todos los tipos posibles de objetos como tales) se encuentra aquí en un tipo del todo nuevo de objetos: en objetos que no pertenecen a la naturaleza en sentido propio, que no son ni físicos ni psíquicos, y que al mismo tiempo se distinguen también por su temporalidad de los objetos ideales *[ideelle Gegenstände*]».[10] «Si hay en este mundo entidades jurídicas *a priori,* entonces se abre un nuevo campo a la filosofía».[11]

2.2. Así es como Reinach caracteriza estas nuevas entidades:

– (i) En primer lugar, los objetos jurídicos no son objetos ideales, sino que a diferencia de ellos (los números, las figuras geométricas) son objetos temporales, objetos que existen en el tiempo.[12]

---

[9] Edmund Husserl, *Prolegomena zur reinen Logik,* 1900, 41928, p. 11.

[10] Adolf Reinach, *Die apriorischen Grundlagen des bürgerlichen Rechtes*, 1913, 1953, p. 17.

[11] Adolf Reinach, *Die apriorischen Grundlagen des bürgerlichen Rechtes*, 1913, 1953, p. 17.

[12] Los «objetos jurídicos» son, según Reinach, objetos reales en tanto que, no siendo objetos espaciales, son objetos *temporales.* El papel central de la temporalidad como categoría fundamental de lo real respecto a la espacialidad fue subrayado por Nicolai Hartmann en el libro *Das Problem des geistigen Seins,* 1931, 1949, p. 97. Hartmann sostiene que «las categorías reales de tiempo y espacio no poseen la misma dignidad: la fundamental, la que alude a las regiones más elevadas y

— (ii) En segundo lugar, los objetos jurídicos no son meros objetos psicofísicos: no son naturales (son objetos que «no pertenecen a la naturaleza») y no son «ni físicos ni psíquicos».

— (iii) En tercer lugar, los «*rechtliche Gebilde*» no necesitan para su existencia el reconocimiento del hombre. Son de hecho independientes tanto del reconocimiento del hombre como de cualquier derecho positivo:

~ Las entidades que se indican en general como específicamente jurídicas poseen un ser del mismo modo que los números, los árboles o las casas; [...] este ser es independiente del reconocimiento del hombre, y, en particular, es independiente de todo derecho positivo.[13]

~ Las entidades jurídicas no son construcciones del derecho positivo, sino que, según Reinach, preexisten al derecho positivo.

— (iv) En cuarto lugar, las entidades jurídicas se distinguen de las entidades físicas desde el punto de vista de la predicabilidad de los atributos.

Mientras que, en efecto, respecto a las entidades físicas es posible también la «predicación idiográfica», la predicación de atributos accidentales relativos al objeto en su propia individualidad, y no se basan en la esencia del objeto, respecto a las entidades jurídicas es posible sólo la «predicación eidètica», la predicación de atributos universales o necesarios, no accidentales.[14]

---

abraza toda realidad, también la espiritual, es el tiempo»; «Raum und Zeit sind keine gleichwertigen Realkategorien. Die Zeit ist fundamentaler. Sie reicht höher hinauf, umfaßt alles Reale, auch das geistig Reale». Según Hartmann, «sólo el tiempo y el carácter de la procesualidad confieren unidad al mundo real»; «nur die Zeit und der Prozeßcharakter stellen die Einheit der Realen Welt her.»

13 Adolf Reinach, *Die apriorischen Grundlagen des bürgerlichen Rechtes,* 1913, 1953, p. 14: «Wir wérden zeigen, daß die *Gebilde,* welche man allgemein als spezifisch *rechtliche* bezeichnet, ein Sein besitzen, so gut wie Zahlen. Bäume oder Häuser; daß dieses Sein unabhängig davon ist, ob es Menschen erfassen oder nicht, daß es insbesondere unabhängig ist von allem positiven Rechte».

14 Con los términos *'predicación idiográfica' y 'predicación eidética'* retomo dos de los términos de la tricotomía: idiográfico vs. nomotético vs. eidográfico, propuesta por Amedeo G. Conte en *Fenomeni di fenomeni,* 1986. Conte obtiene este paradigma añadiendo un *tertium quid* («eidográfico») al paradigma diàdico de Wilhelm Windelband: *idiographisch* vs. *nomothetisch.*

Reinach utiliza el ejemplo de las casas y de los árboles. Escribe Reinach:

> Respecto a estos últimos resulta válido todo lo que podemos captar en el mundo externo con actos de percepción y observación sensibles: se ve un árbol con hojas, o una casa blanca. Estos predicados no se basan en la naturaleza del árbol o de la casa como tal. Los árboles no deben tener hojas forzosamente y las casas pueden no ser blancas: de tales percepciones no resultan estados de cosas necesarios. No son tampoco estados de cosas universales, ya que los predicados se refieren sólo al árbol concreto y a la casa concreta, sin que se tenga el derecho de extenderlos a todo árbol y a toda casa.[15]

Según Reinach, por el contrario, «ocurre de forma diferente respecto a las proposiciones que valen para las entidades jurídicas *[rechtliche Gebilde]*»:

> Aquí no hay un mundo externo en el que podemos observar múltiples estados de cosas; aquí se ofrece otra posibilidad más profunda. Penetrando en la esencia de estas entidades, vemos lo que en ellas es jurídicamente relevante, encontramos unas leyes de modo análogo a lo que acaece para la esencia de los números o de las figuras geométricas *[geometrische Gebilde]*: el *ser-así* se funda aquí en la esencia del *esencialmente-así*. No se trata entonces ya, como antes, de estados de cosas singulares y accidentales. También cuando atribuyo a la entidad jurídica concreta, que existe en un momento determinado, un predicado, tal predicado no la concierne en su singularidad, sino en su tipicidad. Es como decir que el predicado corresponde en absoluto a todo lo que es hecho así, y que le corresponde necesariamente, que en ningún caso particular ni por una sola vez podría no corresponderle.[16]

3. UNA FENOMENOLOGÍA DE DOS OBJETOS JURÍDICOS: OBLIGACIÓN Y PRETENSIÓN

Una interesante fenomenología de dos objetos jurídicos (incorpóreos) fue elaborada por Adolf Reinach en la obra *Die apriorischen Grundlagen des bürgerlichen Rechtes,* y, posteriormente, retomada y desarrollada por otro fenomenólogo alemán, Wilhelm

---

[15] Adolf Reinach, *Die apriorischen Grundlagen des bürgerlichen Rechtes,* 1913, 1953, p. 15.

[16] Adolf Reinach, *Die apriorischen Grundlagen des bürgerlichen Rechtes,* 1913, 1953, p. 15.

Schapp, en el libro *Die neue Wissenschaft vom Recht. Eine phänomenologische Untersuchung*, de 1930.

3.1. Una fenomenología de la obligación y de la pretensión en Adolf Reinach

En su teoría de los objetos jurídicos, Reinach presenta una fenomenología de dos particulares «*rechtliche Gebilde*», de los cuales evidencia sus peculiaridades ontológicas: la *pretensión [Anspruch*] y la *obligación [Verbindlichkeit*] que derivan del acto social de la promesa.[17]

– **(i)** Reinach niega que la pretensión y la obligación sean entidades físicas o psíquicas: «*Anspruch und Verbindlichkeiten sind nichts Physisches, auch nichts Psychisches, keine Erlebnisse. Nur das Wissen von Verbindlichkeiten und Fühlen von Verbindlichkeiten sind etwas Psychisches. Aber diese brauchen nicht mit Anspruch und Verbindlichkeit zusammenzufallen*».[18] Que la pretensión y la obligación no sean físicas es según Reinach obvio. Menos obvio es, por el contrario, la tesis de la *no-psiquicidad* de la pretensión y de la obligación. Según Reinach, alguien podría de hecho calificar estas dos entidades jurídicas como algo psíquico. Pero Reinach sostiene que también esta hipótesis es errónea: para existir, una pretensión no necesita de la existencia de un determinado estado de consciencia.

  Según Reinach, «es posible que una pretensión y una obligación no varíen en el curso de los años». Parece, por el contrario, difícil pensar en estados de consciencia que no varían con el tiempo. Además, se pregunta Reinach: «¿no perduran también pretensiones y obligaciones cuando el sujeto no posee estados de consciencia (como, por ejemplo, en el sueño o en profundos estados de inconsciencia)?»

---

[17] Además de estudiarse como objeto jurídico, la obligación ha sido también estudiada como «*objeto institucional*" por John R. Searle (*Speech Acts*, 1969), como ejemplo de «*objeto social*» por Barry Smith, como ejemplo de «*nombre mixto*» por John Locke (*An Essay Concerning Human Understanding*, 1690), como ejemplo de «*entitad jurídica ficticia*» [«*legal fictitious entity*»] por Jeremy Bentham (*De l'ontologie et autres textes sur les fictions*, 1997) y como ejemplo de «*ens moralis*» por Samuel Pufendorf (*De jure naturae et gentium*, 1672).

[18] Adolf Reinach, *Nichtsoziale und soziale Akte*, 1911, 1989, p. 358.

La tesis de que determinadas entidades jurídicas como el *derecho de propiedad* son irreductibles a entidades físicas o psíquicas ha sido sostenida también por Czeslaw Znamierowski, un filósofo del derecho polaco que ha construido una «*ontología social*» basándose en la teoría de los actos sociales de Reinach. Según Znamierowski, «el derecho de propiedad sobre un libro mío que está ante mí no coincide ni con el libro en sí mismo, ni con lo que otra persona o yo pensemos sobre mi libro».[19]

– **(ii)** Del hecho de que la pretensión y la obligación no sean objetos psicofísicos no se sigue, sin embargo, que sean objetos ideales. Reinach niega también que lo sean porque, a diferencia de los objetos ideales (como los números, los conceptos, las proposiciones), la pretensión y la obligación no son objetos extratemporales [*außerzeitlich*]. Son objetos *temporales,* objetos que *tienen una duración:* «nacen, subsisten por un determinado tiempo y finalmente se extinguen».

Escribe Reinach: «Recientemente se ha vuelto a hablar de objetos ideales junto a los físicos y psíquicos. Sin embargo, la característica esencial de objetos como números, conceptos, proposiciones, *etc.,* es su extratemporali- dad. Las pretensiones y las obligaciones, por el contrario, nacen, subsisten por un cierto tiempo y finalmente se extinguen. Parecen por ello ser objetos temporales de tipo muy particular, que no se han tomado nunca en consideración».[20]

– **(iii)** Según Reinach, estas dos entidades jurídicas se distinguen de las entidades ideales no sólo desde el punto de vista de la temporalidad, sino también porque (a diferencia de las entidades ideales) *necesitan para su existencia un portador [Träger], un contenido [Inhalt] y un opositor [Gegner]: «Es müssen bei ihnen dasein Träger, Inhalt und Gegner».*[21]

– (iv) Además, la pretensión y la obligación (a diferencia de los objetos físicos) *no son directamente perceptibles.*

---

[19] Czeslaw Znamierowski, *O przedmiocie i fakcie spolecznym,* 1921, p. 21.
[20] Adolf Reinach, *Die apriorischen Grundlagen des bürgerlichen Rechtes,* 1913, 1953, p. 22.
[21] Adolf Reinach, *Nichtsoziale und soziale Akte,* 1911, 1989, p. 358.

Según Reinach, para percibir un Anspruch *como el derecho de propiedad sobre un objeto es necesario percibir el acto que ha producido esta entidad:* «Auf einen Anspruch ist nicht direkt hinzusehen, sondern man muß auf die Quellen gehen aus der der Anspruch entsprungen ist, um den Anspruch zu erkennen».[22]

Así continúa Reinach: «si quiero persuadirme de la existencia del movimiento sólo debo abrir los ojos. En el caso de las pretensiones y las obligaciones, por el contrario, es indispensable acudir a su «fundamento» [«*Grund*»]. Sólo mediante la renovada constatación de la existencia de la promesa puedo establecer la existencia de lo que se sigue de ella».[23]

Curiosamente, una afirmación análoga se puede encontrar en David Hume a propósito de la relación de propiedad. En la obra *An Enquiry Conceming the Principies of Moráis,* 1751, Hume se pregunta cómo se pueden distinguir los objetos que son propiedad de una persona de los objetos de los que tal persona no es propietaria: «¿Qué cosa es la propiedad? Algo respecto a lo cual su uso es conforme a la ley para tal persona y sólo para ella. Pero, *¿de qué regla disponemos para distinguir estos objetos?*».[24] Según Hume, no hay ni un *sentido* [sense], ni un *instinto [instinct]* que nos permita distinguir un objeto mío de un objeto que no es mío. El único modo para percibir la propiedad es percibir el acto que la produce: «La propiedad consiste en una posesión obtenida mediante ocupación, o mediante el trabajo, por medio de herencias, de contratos, *etc.*».[25]

Aquí se manifiesta el problema de la *experiencia jurídica* entendida como percepción de la objetualidad jurídica. Se plantean dos cuestiones.

Primera pregunta: ¿Es posible percibir un *objeto* jurídico como la obligación o la pretensión?

---

22 Adolf Reinach, *Nichtsoziale und soziale Akte,* 1911, 1989, pp. 358-359.
23 Adolf Reinach, *Die apriorischen Grundlagen des bürgerlichen Rechtes,* 1913, 1953, p. 34.
24 David Hume, *An Enquiry Concerning the Principles of Morals,* 1751, 1900, p. 31.
25 David Hume, *An Enquiry Concerning the Principles of Morals,* 1751, 1900, p. 35.

Segunda pregunta: ¿Es posible percibir un *atributo* jurídico como el ser propiedad de alguien?

Tanto Reinach como Hume afirman que la percepción de un *objeto* jurídico como la «obligación» o de un *atributo* jurídico como el «ser propiedad de alguien» es posible sólo mediante la percepción del acto social que los ha producido.

– (v) Una ulterior característica de las pretensiones y de las obligaciones consiste en el hecho de que *sólo se pueden predicar de ellos «predicados universales y necesarios».*

Escribe Reinach: «cuando atribuyen a la entidad jurídica concreta, que existe en un momento determinado, un predicado, éste no la concierne en su *singularidad,* sino en su *tipicidad.* Es como decir que el predicado corresponde en absoluto a todo lo que es hecho así, y que le corresponde necesariamente, que en ningún caso particular ni por una sola vez podría no corresponderle».[26]

– (vi) Además, (a diferencia de los objetos físicos) para la pretensión y la obligación *no vale la ley de causalidad.*

Come escribe Reinach: «*Der Satz 'Anspruch und Verbindlichkeit entstehen durch Verprechen' ist kein Erfahrungssatz. Also handelt es sich hier um Wesenszusammenhänge*».[27]

Según Reinach, no es posible verificar empíricamente la validez de enunciados como: 'La pretensión y la obligación nacen de promesas'. No es posible verificar si el enunciado: 'La pretensión y la obligación nacen de promesas' describe una relación de *causa-efecto,* en la medida en que el citado enunciado no es un *«enunciado de experiencia»*

---

26 Adolf Reinach, *Die apriorischen Grundlagen des bürgerlichen Rechtes,* 1913, 1953, p. 15. Una observación similar aparece en el libro de Roberto Vernengo *Investigación sobre la naturaleza del conocimiento jurídico.* 1973. p. 25. Retomando lo que Edmund Husserl escribe en las *Idenn su einer reinen Phänomenologie und phänomenologischen Philosophie,* 1913,-1, al § 2, Vernengo sostiene que uno de los criterios para distinguir los *«objetos empíricos»* de los *«objetos no-empíricos»* consiste en el hecho de que sólo respecto a los objetos empíricos es posible determinar *a priori* el número de los predicados de los que pueden ser argumento. Escribe Vernengo: «son objetos empíricos por definición o por esencia aquellos que son posibles argumentos de predicados cuyo número no puede establecerse *a priori*».

27 Adolf Reinach, *Nichtsoziale und soziale Akte,* 1911, 1989, p. 358.

[«Erfahrungssatz»], un «enunciado empírico», sino la descripción de una *«relación esencial» [Wesenszusammenhang]*.[28]

– (vii) En definitiva, según Reinach, los objetos llamados pretensión y obligación se caracterizan también por el hecho de que (a diferencia de los objetos *reales) pueden ser producidos mediante actos sociales (como la promesa) o mediante disposiciones legislativas.*

Esta última característica distingue los objetos *jurídicos* de los objetos *naturales* y de los objetos *matemáticos.*

A través de enunciaciones lingüísticas podemos producir obligaciones, por ejemplo, mediante el acto de la promesa y mediante disposiciones legislativas (ejemplo: la ley por la cual todos los ciudadanos italianos tienen el deber de realizar el servicio militar).

No es por el contrario posible cocer un huevo con las palabras: 'Con estas palabras que estoy diciendo yo cuezo un huevo'; o abrir una ventana con las palabras: 'Con estas palabras que estoy diciendo abro la ventana'. Del mismo modo no es posible constituir un número cardinal mediante una enunciación lingüística.[29]

3.2. Una fenomenología de la pretensión en Wilhelm Schapp

Después de Reinach, también Wilhelm Schapp, un fenomenólogo alemán que se inspira directamente en las investigaciones fenomenológicas del derecho de Reinach, ha indagado la naturaleza de la entidad jurídica pretensión [*Anspruch*] en la obra titulada *Die neue Wissenschaft vorn Recht. Eine phänomenologische Untersuchung,* 1930.[30]

La fenomenología de la pretensión de Schapp se compone de dos momentos: el *primer momento* consiste en el estudio de la pretensión como objeto jurídico, el *segundo momento* consiste en el estudio de las leyes esenciales de la pretensión.

---

28 Adolf Reinach, *Die apriorischen Grundlagen des bürgerlichen Rechtes*, 1913, 1953, p. 33.

29 Para un análisis del concepto de "*declaración*» de John R. Searle y del concepto de «acto thético» de Amedeo G. Conte, cfr. Giuseppe Lorini, *Dimensioni giuridiche dell'istituzionale*, 1999, pp. 209-229.

30 De la obra de Schapp existe una traducción castellana a cargo de J. Pérez Bances, publicada en 1931 (solo un año posterior al original alemán) por la editorial Revista de Occidente con el título: *La nueva ciencia del derecho.*

3.2.1. El *primer momento* de la fenomenología de la pretensión de Schapp pertenece a la *teoría de los objetos*. En esta primera parte, Schapp pone en evidencia las características de la pretensión que hacen de esta entidad una objetualidad de una esfera particular.

- (i) Según Schapp, la pretensión no es *ni* una objetualidad física, *ni* una objetualidad psíquica. La pretensión que nace desde las dos promesas que forman el contrato, según Schapp, «no es un hecho del mundo exterior, ni un hecho del mundo interior, sino una formación que pertenece a una esfera particular».[31]
- (ii) Por su naturaleza, como escribe Schapp, «esta formación no puede ser conocida ni por los sentidos externos, ni por los sentidos internos».[32]
- (iii) Sin embargo, la pretensión tiene una *existencia real:* la realidad de la pretensión se manifiesta por las sensaciones psíquicas como la sensación de la carga que se crea en la persona que tiene la obligación correspondiente a la pretensión, y la sensación de poder que se crea en el titular de la pretensión. De la relación en la que consiste la pretensión, Schapp escribe:

  Una de las almas siente esta relación como carga; la otra como poder. Pero estas sensaciones no son *la pretensión misma,* sino *sólo efecto de ella.* De esta manera se pone de manifiesto la realidad de la pretensión.[33]
- (iv) La pretensión es, de todos modos, independiente de los estados de consciencia con los que está tendencialmente conectada. Lo demuestra el hecho de que la pretensión sigue siendo igual hasta su cumplimiento (o hasta la renuncia a la misma) a pesar del cambio de los estados de consciencia que están conectados con ella.

  La pretensión «pesa sobre aquél contra quien va dirigida. El cual puede sentir este peso. Puede también olvidarlo. El peso

---

[31] Wilhelm Schapp, *Die neue Wissenschaft vom Recht. Eine phänomenologische Untersuchung,* 1930, p. 41 (tr. cast. p. 55).

[32] Wilhelm Schapp, *Die neue Wissenschaft vom Recht. Eine phänomenologische Untersuchung,* 1930, p. 41 (tr. cast. p. 55).

[33] Wilhelm Schapp, *Die neue Wissenschaft vom Recht. Eine phänomenologische Untersuchung,* 1930, p. 42 (tr. cast. p. 57.

puede oprimirle unas veces más, otras menos. La pretensión misma sigue siendo igual hasta su cumplimiento o hasta la renuncia a la misma».[34]

– (v) La pretensión es, además, para Schapp, un objeto temporal: «La pretensión tiene una existencia en el tiempo».[35]

– (vi) La pretensión no es una construcción del derecho positivo: «en todo ello se prescinde de todo derecho positivo».[36]

3.2.2. El *segundo momento* de la fenomenología de la pretensión de Schapp pertenece, en cambio, a la ontología de la pretensión. En esta segunda parte, Schapp investiga la naturaleza y la esencia de la pretensión poniendo en evidencia las notas características de 1a pretensión y las conexiones esenciales, o sea las leyes esenciales, que la caracterizan.

– (i) Según Schapp, la pretensión es la «consecuencia directa de la promesa». [37]

Además, Schapp es consciente de que esta relación que conecta la pretensión con la promesa no puede identificar esta formación jurídica por el hecho de que pueden ser muchos más los efectos de la promesa. Por ejemplo, el compromiso para el sujeto de cumplir la promesa, o el pensamiento según el cual nosotros no podemos liberarnos de la promesa.

Escribe Schapp:

De la promesa pueden salir muchas cosas: una carga para el yo, por cuanto es menester cumplir la promesa, o el pensamiento de que quizás no podamos liberarnos de la promesa, y otras cosas semejantes.[38]

---

[34] Wilhelm Schapp, *Die neue Wissenschaft vom Recht. Eine phänomenologische Untersuchung*, 1930, p. 42 (tr. cast. p. 56).
[35] Wilhelm Schapp, *Die neue Wissenschaft vom Recht. Eine phänomenologische Untersuchung*, 1930, p. 42 (tr. cast. p. 56).
[36] Wilhelm Schapp, *Die neue Wissenschaft vom Recht. Eine phänomenologische Untersuchung*, 1930, p. 42 (tr. cast. p. 56).
[37] Wilhelm Schapp, *Die neue Wissenschaft vom Recht. Eine phänomenologische Untersuchung*, 1930, p. 41 (tr. cast. p. 56).
[38] Wilhelm Schapp, *Die neue Wissenschaft vom Recht. Eine phänomenologische Untersuchung*, 1930, p. 41 (tr. cast. p. 56).

Según Schapp, hay además otras «notas características de la pretensión».

- (ü) «La pretensión puede ser realizada».[39]
- (iii) «Si la pretensión no se cumple en tiempo oportuno, surge una situación peculiar, y es que se ha vulnerado la pretensión».[40]
- (iv) «Con la realización se extingue la pretensión».[41]
- (iv) Además, la pretensión no se extingue sólo con la realización de la prestación, sino también con la renuncia por parte del promisario:

Con la renuncia, la pretensión se extingue igualmente, como con su cumplimiento.[42]

4. EL SEGUNDO DESCUBRIMIENTO DE ADOLF REINACH: LAS LEYES ESENCIALES DE LOS OBJETOS JURÍDICOS

El descubrimiento de la existencia de leyes esenciales (o sea, de verdades sintéticas a priori) que valen para los objetos jurídicos no se debe a Schapp, sino a Reinach. Este es el segundo importante descubrimiento de Reinach.

Como escribe Paolo di Lucia, «según Reinach, el hecho de que una pretensión a una determinada prestación se extinga en el momento en el que la prestación se cumple es una proposición sintética *a priori* en el sentido de Immanuel Kant. En una proposición sintética *a priori,* según Kant, el predicado no está contenido en el concepto del sujeto. Además, para Kant, la negación de una proposición sintética *a priori* es falsa, pero eso no implica una contradicción lógica. Para Reinach, en el concepto de pretensión no está contenido en ningún sentido el hecho de que la pretensión se extinga en determinadas circunstancias».[43]

---

[39] Wilhelm Schapp, *Die neue Wissenschaft vom Recht. Eine phänomenologische Untersuchung*, 1930, p. 41 (tr. cast. p. 56).

[40] Wilhelm Schapp, *Die neue Wissenschaft vom Recht. Eine phänomenologische Untersuchung*, 1930, p. 41 (tr. cast. p. 56).

[41] Wilhelm Schapp, *Die neue Wissenschaft vom Recht. Eine phänomenologische Untersuchung*, 1930, p. 41 (tr. cast. p. 56).

[42] Wilhelm Schapp, *Die neue Wissenschaft vom Recht. Eine phänomenologische Untersuchung*, 1930, p. 41 (tr. cast. p. 56).

[43] Paolo di Lucia, *L'universale della promessa,* 1997, p. 98.

Según Di Lucia, una prueba importante de la sinteticidad *a priori* de las leyes esenciales consiste en el hecho de que lo contrario de las proposiciones esenciales sería claramente falso; sin embargo, eso no implicaría ninguna contradicción lógica.

En la obra *Die apriorischen Grundlagen des bürgerlichen Rechtes,* Reinach investiga, en particular, las leyes esenciales del acto social de la promesa. He aquí las nueve leyes esenciales de la promesa distinguidas por Reinach.[44]

– *Primera ley esencial* (la relación entre promesa y obligación): Si existe una promesa, entonces existen una obligación del promitente y una pretensión del promisario.
– *Segunda ley esencial* (la relación entre el cumplimiento de la promesa y la extinción de la obligación y de la pretensión): Si el promitente lleva a cabo la prestación (cumple la promesa), la obligación y la pretensión se extinguen.
– *Tercera ley esencial* (la relación entre el acto de la promesa y el acto de renuncia del promisario): Si el promisario renuncia, la obligación y la pretensión se extinguen.
– *Cuarta ley esencial* (la relación entre promesa e intención del promitente): Si existe una promesa, entonces existe también la intención por parte del promitente de cumplir la promesa.
– *Quinta ley esencial* (la relación entre promesa y pretensiones de terceros): El acto de la promesa no tiene ningún efecto para los sujetos que no sean el promitente o el promisario.
– *Sexta ley esencial* (la relación entre promesa y propiedad de la cosa prometida): El acto de la promesa no transfiere la propiedad del objeto prometido.
– *Séptima ley esencial* (la relación entre promesa y deber de cumplir la promesa): Si existe una promesa, entonces existe el deber de cumplir la promesa.

---

[44] Reproduzco aquí el elenco de leyes esenciales de la promesa reconstruido por Paolo di Lucia en el iibro *L'universale del'la promessa,* 1997, pp. 107-108.7V éste libro me remito también en lo referente al detallado estudio de la fenomenología jurídica de la promesa de Adolf Reinach. Di Lucia tiene además el mérito de haber subrayado la distinción entre dos tipos de leyes esenciales: las leyes: esenciales *de necesidad* y las leyes esenciales *de tendencia* (pp. 100-107).

– *Octava ley esencial* (la relación entre promesa y revocación de la promesa): Si existe una promesa, es en sí misma irrevocable.

– *Novena ley esencial* (la relación entre promesa y cumplimiento): Si existe una promesa, entonces existe una actividad de realización por medio del acto del promitente.

5. UNA CARACTERÍSTICA DE LOS OBJETOS JURÍDICOS: LA POSIBILIDAD DE LA DESVIACIÓN DE LAS LEYES ESENCIALES

5.1. El hecho de tener leyes esenciales no es de por sí una característica peculiar de los objetos jurídicos. Como afirma Reinach en la conferencia *Was ist Phänomenologie?*, de 1914, «el ámbito de dominio de lo a *priori* se extiende absolutamente a todo».[45]

En efecto, existen leyes sintéticas *a priori* que valen, por ejemplo, para la realidad matemática y también para la realidad natural.

5.1.1. Para la realidad natural (por ejemplo, para los colores), hay leyes sintéticas *a priori* (o sea, leyes universales que no son accidentales o empíricas, pero son verdades necesarias).

He aquí dos ejemplos de verdades sintéticas *a priori* relativas a los colores.

– Primera ley esencial *de los colores:*

~ un punto no puede tener dos colores distintos.

– Segunda ley esencial *de los colores:*

~ no puede haber un color sin extensión.

Otro ejemplo es la proposición con la que Edmund Husserl, el fundador de la fenomenología, ejemplifica el concepto de «ley sintética *a priori*» en sus *Logische Untersuchungen.* En esta obra, Husserl hace referencia, cuando define el concepto de «ley sintética *a priori*», a la teoría de los colores. En la tercera investigación lógica: *Zur Lehre von den Ganzen und Teilen,* Husserl escribe:

Toda ley pura, que incluye conceptos materiales en modo tal que no admita una formalización de esos conceptos *salva veritate* (o

---

[45] Adolf Reinach, Was *ist Phänomenologie?*, 1951, 1989, p. 543 (tr. cast. p. 50).

en otras palabras: toda ley que no sea una necesidad analítica), es una ley sintética *a priori*. Las particularizaciones de estas leyes son necesidades sintéticas; entre ellas también, naturalmente, particularizaciones empíricas como, por ejemplo: *este rojo es diferente de este verde*.[46]

5.1.2. En cambio, un ejemplo de verdad sintética *a priori* que vale para los objetos matemáticos está constituido por el famoso teorema según el cual la suma de los ángulos internos de un triángulo es igual a la suma de dos ángulos rectos.

5.2. La característica peculiar de los objetos jurídicos consiste en el hecho de que para los objetos jurídicos es posible la desviación [*Abweichung*] de las leyes de esencia. En otras palabras, es posible por medio de disposiciones [*Bestimmungen*] la desviación de las leyes esenciales del derecho.[47]

Solo para las leyes esenciales jurídicas es posible esta desviación. No es posible desviación, por medio de disposiciones, de las leyes esenciales de las matemáticas o las leyes esenciales de los colores.

Si el legislador no reconoce la validez de la obligación o de la pretensión nacidos de una -determinada promesa, él puede modificar la realidad jurídica, por ejemplo, anulando las consecuencias de la promesa. Por ejemplo, un legislador puede disponer que no se produzcan las consecuencias normativas (o sea, la obligación y la pretensión) de una promesa pronunciada por un menor.

Según Reinach, la operatividad de las disposiciones se limita a la realidad jurídica.

— (i) *En primer lugar*, las disposiciones no son posibles en la matemática. Como subraya Norberto Bobbio, la objetualidad de lo jurídico es distinta de la objetualidad ideal de la matemática.

Como escribe Bobbio en la obra *L'indirizzo fenomenologico nella filosofía sociale e giuridica*, de 1934, las relaciones matemáticas se diferencian de las relaciones jurídicas por el hecho de

[46] Edmund Husserl, *Logische Untersuchungen*, 1900-1901 (trad. cast, de Manuel G. Morente y José Gaos, p. 407).

[47] Cfr. Eduardo García Máynez, *Introducción a la lógica jurídica*, 1951, pp. 17-23, Herbert Spiegelberg, *The Phenomenological Movement*, 31984, p. 199, y, en fin, Paolo di Lucia, *L'universale della promessa*, 1997, pp. 122-124.

que mientras que las relaciones jurídicas pueden ser modificadas por disposiciones, las relaciones matemáticas no pueden serlo.

Según Bobbio, lo que separa la esfera de las relaciones *matemáticas* de la esfera de las relaciones *jurídicas* consiste en eso: mientras que las leyes de esencia de la matemática tienen una validez universal (en otras palabras, valen en todas las circunstancias), las leyes de esencia jurídicas «valgono nel presupposto che non si verifichino delle *statuizioni* contrarié», «valen sólo en el caso de que no haya *disposiciones* contrarias».[48] Escribe Bobbio:

Reinach reconoció la posibilidad de construir una teoría pura de las proposiciones jurídicas, como si fueran proposiciones matemáticas: pero la diferencia esencial entre las proposiciones matemáticas y las proposiciones jurídicas consiste en el hecho de que, mientras que las primeras encuentran una rigurosa aplicación en la naturaleza, las segundas vienen posteriormente desmentidas por la historia. Por esta razón, Reinach se ha visto obligado a recurrir a la estratagema de distinguir dos tipos de relaciones esenciales, como si fueran dos distintas esferas esenciales típicas: la esfera de las relaciones matemáticas que valen en todas las circunstancias y la esfera de las relaciones jurídicas que valen sólo en el caso de que no haya disposiciones contrarias.[49]

Reinach niega la eficacia de las disposiciones para la esfera de la objetualidad matemática por el hecho de que «el contenido de una disposición no puede ser nunca algo que sea *a priori* necesario, o a *priori* imposible. Por esta razón, como

---

[48] Norberto Bobbio, *L'indirizzo fenomenologico nella filosofia e giuridico,* 1934, p. 79.

[49] Norberto Bobbio, *L'indirizzo fenomenologico nella filosofia e giuridico,* 1934, p. 79. «Reinach ha riconosciuto inizialmente la possibilità di costituire una teoria pura delle proposizioni_giuridiche, come se fossero proposizioni matematiche: ma La differenza.essenziale fra ifi-pmposizioni matematiche e le proposizioni giuridiche sta nel fatto che, mentre le prime trovano rigorosa applicazione nella natura, le seconde sono continuamente smentite dalla storia; per questa ragione Reinach è stato costretto a ricorrere all'espediente di distinguere due *tipi di rapporti essenziali,* quasi vi fossero due *sfere essenziali tipiche:* la sfera dei *rapporti matematici* che valgono in tutte le circostanze e la sfera dei *rapporti* potremmo dire *etici* che valgono nel presupposto che non si verifichino delle *statuizioni* contrarie».

la disposición «2 X 2 tiene que ser igual a 4» no tiene sentido, igualmente carecería de sentido la disposición «2 X 2 tiene que ser igual a 5»».[50]

– (ii) *En segundo lugar,* según Reinach, las disposiciones no son eficaces en el ámbito de la realidad natural. En *Die apriorischen Grundlagen des bürgerlichen Rechtes,* Reinach afirma que las disposiciones no pueden producir o anular los hechos de la naturaleza:

Las disposiciones intervienen en la realidad de los fenómenos jurídicos produciendo existencia o anulando existencia. En cambio, los hechos de la naturaleza no son un objeto susceptible de disposición.[51]

Más claramente, escribe Reinach, no tiene sentido «querer crear hechos naturales por medio de disposiciones»; *«natürliche Tatsachen durch Bestimmungen schaffen zu wollen».*[52]

6. VERDADES EIDOLÓGICAS VS. VERDADES IDIOLÓGICAS VS. VERDADES NOMOLÓGICAS

En conclusión, según la teoría del objeto jurídico de Reinach, se pueden distinguir tres tipos de verdad referentes a los objetos jurídicos:

– verdades eidológicas,
– verdades idiológicas,
– verdades nomólogicas.

6.1. *Verdades eidológicas.* Para los objetos jurídicos, en primer lugar, hay verdades eidológicas; o sea, proposiciones que son necesariamente verdaderas en relación a un *eidos,* a una esencia. Por ejemplo, dado el *eidos* de promesa, es necesariamente verdadero que

---

50 Adolf Reinach, *Die apriorischen Grundlagen des bürgerlichen Rechtes,* 1913, 1953, p. 175: «Es kann also sinnovellerweise niemals etwas als Inhalt einer Bestimmung fungieren, dessen Sein a priori notwendig oder a priori unmöglich ist. Von hier aus ist es ohne weiteres verständlich, daß eine Bestimmung, 2x2 solle 4 sein, ebenso sinnlos wäre wie die Bestimmung, es [i.e.2x2] solle 5 sein».

51 Adolf Reinach, *Die apriorischen Grundlagen des bürgerlichen Rechtes,* 1913, 1953, p. 207: «Während die Bestimmungen in die Welt der rechtlichen Phänomene existenzerzeugend und -vernichtend eingreifen, stehen ihnen die Tatsachen der Natur starr und eigenmächtig gegenüber».

52 Adolf Reinach, *Die apriorischen Grundlagen des bürgerlichen Rechtes,* 1913, 1953, p. 207.

si existe una promesa, entonces existan la obligación del promitente y la pretensión del promisario.

6.2. *Verdades idiológicas.* En segundo lugar, para los objetos jurídicos hay verdades idiológicas; o sea, proposiciones que son verdaderas accidentalmente, ya que tales verdades no afectan al *eidos.* Estas proposiciones son verdaderas no en relación a un *eidos,* sino en relación a un *ídion,* a un fenómeno concreto visto en su singularidad y en su individualidad. Por ejemplo, es verdad que mi obligación de dar esta conferencia nació el 15 de noviembre de 1998, día en el que yo he prometido darla a Carlos Alarcón. Esta proposición, obviamente, no es *necesariamente verdadera:* yo habría podido no hacer esta promesa, o no prometer en ese momento a esa persona. Además, no es *esencialmente verdadera:* no es verdadera para cualquier obligación, sino sólo para la obligación que nació el 15 de noviembre de 1998, de la que yo soy el portador y Carlos Alarcón es el opositor, y de la que el contenido es dar una determinada conferencia.

6.3. *Verdades nomológicas.* En tercer lugar, para los objetos jurídicos hay verdades nomológicas; o sea, verdades producidas por un *nomos,* por una ley normativa (en el lenguaje de Reinach, por una *Bestimmung).* Estas verdades son tales *para* y *por* el derecho positivo vigente (en tanto que se fundan sobre disposiciones jurídicas), pero no son verdades idiológicas (relativas a un fenómeno concreto visto en su singularidad y individualidad), ni tampoco verdades eidológicas, en tanto que pueden ser verdades jurídicas que no tenían validez en otras épocas.

Como he dicho, las verdades nomológicas no son tales por esencia, ya que frecuentemente son desviaciones de las leyes de esencia. Éste es el caso de la proposición: «Los créditos pueden ser cedidos a terceros por el acreedor sin que el deudor lo sepa», que según Reinach no es una ley esencial del crédito, sino justamente lo contrario. Sin embargo, la proposición: «Los créditos pueden ser cedidos a terceros por el acreedor sin que el deudor lo sepa» puede ser verdadera en el caso de que, a través del derecho positivo, sea válida una disposición que constituya este estado de cosas jurídico general.

*Además, las verdades nomológicas no tienen que ser confundidas con las verdades idiológicas. De hecho, las verdades normológicas, a diferencia de las verda*des idiológicas, no son verdades accidentales. No es un mero accidente que sean verdaderas, en tanto que su verdad depende de la validez de la disposición que las verifica. Que haya una *Bestimmung* es un accidente. Pero dado un *nomos,* la verdad nomológica relativa a ella no es una verdad contingente.

Junto a verdades nomológicas que se desvían de las leyes esenciales hay también verdades nomológicas que no se desvían de ninguna ley esencial, pero que colman un espacio vacío de derecho [*rechtsleerer Raum*]. Es el caso de la disposición che dicta que el testamento ológrafo tiene que ser firmado, o sea, que la firma es condición necesaria de validez de un testamento ológrafo.[53] Esta disposición no constituye una desviación de ninguna ley esencial.

6.4. Retomando el paradigma de David Hume: *relations of ideas* vs. *matters of fact,* se puede advertir que la proposición: «El testamento ológrafo tiene que ser firmado» es también filosóficamente interesante desde otro punto de vista: esta proposición no es una *relación de ideas,* pero no por ello es un *dato de hecho.*

Una proposición como «El testamento ológrafo tiene que ser firmado» no es, en el lenguaje de David Hume, una *relación de ideas.* Es evidente que al *eidos* del testamento no le afecta la necesidad de la firma. Es, en efecto, posible pensar una realidad jurídica en la que no valga la regla: «Un testamento ológrafo tiene que ser firmado».

Además, tampoco es un *dato de hecho,* en cuanto que el hecho de que un testamento ológrafo no firmado sea inválido no tiene una evidencia empírica: la observación de un testamento no nos dice nada respecto a la necesidad de la firma, ni respecto a la validez del testamento! No se puede, simplemente mirando un documento testamentario, verificar si el testamento es válido, o si la firma es condición necesaria de validez de un testamento, del mismo modo que se puede verificar con una simple mirada que hoy ha salido el sol. Mirando un documento testamentario, no podemos ni percibir inmediatamente su validez, ni verificar la verdad del enunciado 'Un testamento ológrafo tiene que ser firmado'.

La relación entre firma y validez de un testamento no es ni una *relación de ideas,* ni una *relación de hecho,* sino una *relación de derecho.*

Traducción española de Carlos Alarcón Cabrera

[53] Se trata del art. 602 del Código civil italiano.

BIBLIOGRAFÍA

ARÍSTEGUI, ABEL JAVIER, *Oposiciones fundamentales a la teoría egológica del derecho.* La Plata, Editora Platense, 1967.

ASENJO, FLORENCIO GONZÁLEZ, *El todo y las partes. Estudios de ontologia formal.* Buenos Aires, Martínez de Murguía, 1962.

BENTHAM, JEREMY, *De Vontologie et autres textes sur les fictions.* A cargo de Jean-Pierre Clèro e Christian Lavai. Paris, Seuil, 1997.

BOBBIO, NORBERTO, *L'indirizzo fenomenologico nella filosofia sociale e giuridica.* Torino, Memorie dell'Istituto Giuridico, Serie II, Memoria 28, 1934.

BOSANQUET, BERNARD, *Critical Notices: Jahrbuch für Philosophie und Phänomenologische Forschung.* In Gemeinschaft mit M. Geiger, München; A. Pfänder, München; A. Reinach, Göttingen; M. Scheler, Berlin; herausgegeben von Edmund Husserl. Erster Band. Halle a.d.S.: Verlag von Max Niemeyer. 1913. *«Mind», 23 (1914), pp. 587-597.*

CASATI, ROBERTO / SOLDATI, Gianfranco, *On the Perception of Abstract Objects.* En: Hill, James / Kotátko, Petr (eds.), *Karlovy Vary Studies in Reference and Meaning.* Praha, Filosofia, 1995, pp. 89-113.

CASATI, ROBERTO / VARZI, ACHILLE C., *Holes and Other Superficialities.* Cambridge (Mass.), Massachusetts Institute of Technology, 1994.

CASSIRER, ERNST, Zur Logik der Kulturwiss*enschaften. Fünf Studien.* Darmstadt, Wissenschaftliche Buchgesellschaft, 1961. Traduzione italiana: *Sulla logica delie scienze della cultura. Cinque studi.* Introduzione e cura di Michele Maggi. Firenze, La Nuova Italia, 1979.

CHISHOLM, RODERICK MILTON, *Homeless Objects.* «Revue internationale de philosophie», 27 (1973), pp. 207-223.

COLLIN, FINN, *Social Reality.* London, Routledge, 1997.

CONTE, AMEDEO G., *Fenomeni di fenomeni.* En: Galli, Giuseppe (ed.), *Interpretazione ed epistemologia. Atti del VII Colloquio sull'interpretazione (Macerata 1985).* Torino, Marietti, 1986, pp. 167-198. Reedición (con variantes) en: «Rivista internazionale di filosofia del diritto», 63 (1986), pp. 29-57.

COSSIO, CARLOS, *El derecho en el derecho judicial*. Buenos Aires, Guillermo Kraft, 1945. Reedición: Buenos Aires, Abeledo-Perrot, 1959.

COSSIO, CARLOS, *Teoría de la verdad jurídica*. Buenos Aires, Losada, 1954.

DERRIDA, JACQUES, *Introduction à l'Origine de la Géométrie de Husserl*. Paris, PUF, 1962.

DESANTI, JEAN T., *Les Idéalités mathématiques. Recherches épistémologiques sur le développement de la théorie des fonctions de variable réelles*. Paris, Editions du Seuil, 1968.

DI LUCIA, PAOLO, *Come fare regole con le cose*. En: Costanzo, Pasquale (ed.), *Codificazione del diritto e ordinamento costituzionale*. Napoli, Jovene, 1999, pp. 139-156.

DI LUCIA, PAOLO, *L'universale della promessa*. Milano, Giuffrè, 1997.

DI LUCIA, PAOLO, *Pragmática de los actos y ontologia del derecho*. En: Rentería Díaz, Adrián (ed.), *Filosofía analítica y filosofía del derecho*. «Nóesis. Revista de ciencias sociales y humanidades», 9 (1997), pp. 61-75.

DONNICI, ROCCO, Husserl e Hume. *Per mia fenomenologia della natura umana*. Milano, Franco Angeli, 1989.

DUFRENNE, MIKEL, *Phénoménologie de l'expérience esthétique*. Paris, PUF, 1953.

FALCHI, ANTONIO, *L'oggettività del mondo sociale e il concetto di formazione storica*. «Rivista internazionale di filosofia del diritto», 16 (1936), pp. 31-56.

FERRATER MORA, JOSÉ, *El ser y el sentido*. Madrid, Revista de Occidente, 1967.

FREGE, GOTTLOB, *Der Gedanke. Eine logische Untersuchung*. «Beiträge zur Philosophie des deutschen Idealismus», I Band, 2. Heft, 1918, pp. 58-77.

GARAVASO, PIERANNA, *La filosofia della matematica*. Milano, Guerini, 1998.

GARCÍA MÁYNEZ, EDUARDO, *Introducción a la lógica jurídica*. México, Fondo de Cultura Económica, 1951.

GARCÍA MÁYNEZ, GUILLERMO, *La fenomenología del derecho en Schreier*. Buenos Aires, Editorial Jurídica Argentina, 1943.

GARCÍA NORRO, JUAN JOSÉ, *La controversia acerca de las proposiciones sintéticas* a priori. «Anales del seminario de metafísica», 29 (1995), pp. 11-27.

GARCÍA SAN MIGUEL, LUIS, *Notas para una crítica de la razón jurídica.* Madrid, Universidad Complutense, Facultad de Derecho, Sección de publicaciones, 21975.

GARCÍA-BARÓ, MIGUEL, *Categorías, intencionalidad y números.* Madrid, Tecnos, 1993.

GIOJA, AMBROSIO LUCAS, *La distinción entre lo real y lo irreal en E. Husserl.* «Semirrecta», 1 (1953). Reedición en: Gioja, Ambrosio L., *Ideas para una filosofía del derecho.* Compilación y prólogo de Ricardo Entelman. Buenos Aires, Sucesión Gioja, 1973, vol. I, pp. 179-184.

GOLDSMITH, WERNER, *Fmidamentos ontológicos y lógicos del derecho.* En: Goldsmith, Werner, *Filosofía, Historia y Derecho.* Buenos Aires, Abeledo, 1953, pp. 99-120.

GONZÁLEZ CASTÁN, ÓSCAR L., *William Alston: Sobre la percepción sensible y otras percepciones.* «Anales del seminario de metafísica», 29 (1995), pp. 47-71.

GRZEGORCZYK, CHRISTOPHE, *Le röle du performatif dans le langage du droit.* «Archives de philosophie du droit», 19 (1974), pp. 229-241.

GRZEGORCZYK, CHRISTOPHE, *La théorie genérale des valeurs et le droit.* Paris, L.G.D.J., 1982.

HALE, BOB, *Abstract Objects.* Oxford, Blackwell, 1987.

HARTMANN, NICOLAI, *Das Problem des geistigen Seins.* Berlin, Walter de Gruyter, 1931.

HUME, DAVID, *An Enquiry Concerning the Principies of Morals.* London, A. Millar, 1751. Reedición: Chicago, The Open Court, 1900.

HUSSERL, EDMUND, *Logische Untersuchungen.* Halle, Niemeyer, 1900-1901, 41928.

HUSSERL, EDMUND, *Ideen zu einer reinen Phänomenologie und phänomenologischen Philosophie.* Halle, Niemeyer, 1913.

HUSSERL, EDMUND, *Erfahrung und Urteil. Untersuchungen zur Genealogie der Logik.* A cura di Ludwig Landgrebe. Hamburg, Klaassen Verlag, 1948.

HUSSERL, GERHART, *Recht und Welt*. En: Husserl, Gerhart, *Recht und Welt. Rechtsphilosophische Abhandlungen*. Frankfurt am Main, Vittorio Klostermann, 1964, pp. 67-114.

INGARDEN, ROMAN, *Der Streit um die Existenz*. Tübingen, Niemeyer, 1964-1974.

KÜNNE, WOLFGANG, *Abstrakte Gegenstände*. Frankfurt am Main, Suhrkamp, 1983.

LEDIG, GERHARD, *Recht, Geld, Bild, Sprache. (Strukturvergleichende Studien)*. «Internationale Zeitschrift für Theorie des Rechts», 4 (1932-1933), pp. 186-247.

LOCKE, JOHN, *An Essay Concerning Human Understanding*.

LONDON, ELIZ. Holt, 1690. Reedición a cargo de Peter H. Nidditch: Oxford, Clarendon Press, 1990.

LORINI, GIUSEPPE, *Incoerenza senza opposizione*. «Rivista internazionale di filosofía del diritto», 72 (1995), pp. 562-586.

LORINI, GIUSEPPE, *Dimensioni giuridiche dell'istituzionale*. Padova, CEDAM, 1999.

LLAMBÍAS DE AZEVEDO, Juan, *Eidética y aporética del derecho*. Buenos Aires, Espasa-Calpe, 1958.

MARX, KARL, *Debatten über das Holzdiebstahls-Gesetz*. «Rheinische Zeitung.» Nr. 298, 25. Octubrel842. Reedición en: Karl Marx, *Werke. Artikel Literarische Versuche bis März 1843*. Berlin, Dietz, 1975, pp. 199-205.

MARX, CARLOS, *Escritos de juventud*. Traducción castellana de Wenceslao Roces. México, Fondo de Cultura Económica, 1982.

MEINONG, ALEXIUS, *Über Gegenstände höherer Ordnung und deren Verhältnis zur inneren Wahrnehmung*. «Zeitschrift für Psychologie und Physiologie der Sinnesorgane», 21 (1899), pp. 182-272. Reedición en: *Alexius Meinong Gesamtausgabe*. Herausgeber Rudolf Haller und Rudolf Kindinger gemeinsam mit Roderick M. Chisholm. Band II: *Abhandlungen zur Erkenntnistheorie und Gegenstandstheorie*. Bearbeitet von Rudolf Haller. Graz, Akademische Druckund Verlagsanstalt, 1971, pp. 377-471.

MEINONG, ALEXIUS, *Über Gegenstandstheorie*, en: Meinong, *Alexius (ed.). Untersuchungen zur Geaenstantstheorie und Psychologie*.

Leipzig, J. A. Barth, 1904, pp. 1-50. Reedición en: *Alexius Meinong Gesamtausgabe*. Herausgeber Rudolf Haller und Rudolf Kindinger gemeinsam mit Roderick M. Chisholm. Band II: *Abhandlungen zur Erkenntnistheorie und Gegenstandstheorie*. Bearbeitet von Rudolf Haller. Graz, Akademische Druck- und Verlagsanstalt, 1971, pp. 481-530. Traducción castellana de Eduardo García Máynez: *La teoría del objeto*. México, Universidad Nacional Autónoma de México, 1981.

MEINONG, ALEXIUS, *Über die Stellung der Gegenstandstheorie im System der Wissenschaften*. Erster Artikel: «Zeitschrift für Philosophie und philosophische Kritik», 129 (1906), pp. 48-94. Zweiter Artikel: «Zeitschrift für Philosophie und philosophische Kritik», 129 (1906), pp. 155-207. Dritter Artikel: «Zeitschrift für Philosophie und philosophische Kritik», 130 (1907), pp. 1-46. Sonderausgabe: Leipzig, R. Voigtländer, 1907. Riedito in: *Alexius Meinong Gesamtausgabe*. Herausgeber Rudolf Haller und Rudolf Kindinger gemeinsam mit Roderick M. Chisholm. Band V: *Über philosophische Wissenschaft und ihre Propädeutik. Über die Stellung der Gegenstandstheorie im System der Wissenschaften. Über die Erfahrungsgrundlagen unseres* Wissens. Zur *Erweise des allgemeinen Kausalgesetzes*. Bearbeitet von Roderick M. Chisholm. Graz, Akademische Druckund Verlagsanstalt, 1973, pp. 205-365.

MILLÁN PUELLES, ANTONIO, *El problema del ser ideal. Un examen a través de Husserl y Hartmann*. Madrid, Consejo Superior de Investigaciones científicas, Instituto «Luis Vives» de Filosofía, 1947.

MILLÁN PUELLES, ANTONIO, *Teoría del objeto puro*. Madrid, Rialp, 1990.

NEF, FRÉDÉRIC, *L'objet quelconque. Recherches sur Vontologie de l'objet*. Paris, Vrin, 1998.

PARSONS, TERENCE, *Nonexistent Objects*. New Haven, Yale University Press, 1980.

PUFENDORF, SAMUEL FREIHERR VON, *De jure naturae et gentium libri octo*. Londini Scanorum, A. Junghans, 1672. Traducción francesa de Jean Barbeyrac: *Le droit de la nature et des gens, ou Systéme général des principes les plus importants de la Morale, de la Jurisprudence, et de la Politique*. Paris, Briasson, 1734.

QUINTON, ANTHONY, *Social Objects*. «Proceedings of the Aristotelian Society», 76 (1975-1976).

RÁBADE ROMEO, SERGIO, *Hume y el fenomenismo moderno.* Madrid, Gredos, 1975.

RECASENS SICHES, LUIS, *Experiencia jurídica, naturaleza de la cosa y lógica «razonable».* México, Fondo de cultura económica, 1971.

RECASÉNS SICHES, LUIS, *The Material Logic ofLaw.* «Archiv für Rechtsund Sozial-Philosophie», 51 (1965).

REINACH, ADOLF, *Nichtsoziale und soziale Akte.* 1911. [Manuscrito.] En: Reinach, Adolf, *Sämtliche Werke. Kritische Ausgabe und Kommentar.* München, Philosophia, 1989, pp. 355-360.

REINACH, ADOLF, *Die apriorischen Grundlagen des bürgerlichen Rechtes.* «Jahrbuch für Philosophie und phänomenologische Forschung», 1 (1913), pp. 685-847. Reedición con el título: *Zur Phänomenologie des Rechts.* München, Kösel, 1953. Traducción castellana de José Luis Alvarez: *Los fundamentos aprioristicos del derecho civil.* Barcelona, Librería Bosch, 1934.

REINACH, ADOLF, *Was ist Phänomenologie?*, München, Kosel, 1951. Riedizione in: Reinach, Adolf, *Sämtliche Werke. Kritische Ausgabe und Kommentar.* München, Philosophia, 1989, pp. 531-550. Traducción castellana de Rogelio Rovira: *Introduccióyi a la fenomenología.* Madrid, Encuentro, 1986.

RUBEN, DAVID-HILLEL, *Social Wholes and Parts.* «Mind», 92 (1983), pp. 219-238.

RUBEN, DAVID-HILLEL, *The Existence of Social Entities.* «The Philosophical Quartely», 32 (1982), pp. 295-310.

RUBEN, DAVID-HILLEL, *The Metaphysics of the Social World.* London, RKP, 1985.

SANTAMBROGIO, MARCO, *Forma e oggetto* Milano, Il Saggiatore, 1992.

SARTRE, JEAN-PAUL, *L'être et le néant. Essai d'oritologie phénoménologique.* Paris, Gallimard, 1943.

SASSE, HANS-JÜRGEN, *Theticity.* Köln, Institut für Sprachwissenschaft der Universität zu Köln, 1996.

SCHÉRER, RENE, *La phénoménologie des «Recherches logiques» de Husserl.* Paris, PUF, 1967.

SCHAPP, WILHELM, *Die neue Wissenschaft vom Recht. Eine - phänomenologische Untersuchung. I. Der Vertrag als Vorgegebenheit.* Berlin, Dr. Walther Rothschild, 1930. Traducción castellana de J.

PÉREZ BANCES: *La nueva ciencia del derecho.* Madrid, Revista de Occidente, 1931.

SEARLE, JOHN ROGERS, *The Construction of Social Reality.* London, Allen Lane, 1995. Traducción castellana de Antoni Doménech: *La construcción de la realidad social.* Barcelona, Paidós, 1997.

SHAKESPEARE, WILLIAM, *The Complete Works of William Shakespeare.* Edición a cargo de Craig. London, Oxford University Press, s.d..

SMITH, BARRY, *Ingarden vs. Meinong on the Logic of Fiction.* «Philosophy and Phenomenological Research», 41 (1980), pp. 93-105.

SMITH, BARRY, *Social Objects.* Buffalo (New York), 1997. [Manuscrito.]

SPIEGELBERG, HERBERT, *The Phenomenological Movement.* A Historical Introduction. Tercera revisión ampliada con la colaboración de Karl Schumann. The Hague, Nijhoff, 21984.

THOMPSON, MANLEY, *Abstract Entities.* «The Philosophical Review» 69 (1960), pp. 331-350.

TWARDOWSKT. KAZTMTERZ, *Zuv Lehre vom Inhalt und Gegentand der Vorstellungen. Eine psychologische Untersuchung.* Wien, Alfred Hölder, 1894.

VALOR YÉBENES, JUAN ANTONIO, *Hume, Popper: el conocimiento de las determinaciones del objeto.* «Anales del seminario de metafísica», 31 (1997), p. 41-71.

VERNENGO, ROBERTO J., *Investigación sobre la naturaleza del conocimiento jurídico.* Buenos Aires, Cooperadora de derecho y ciencias sociales, 1973.

VILANOVA, JOSÉ MARÍA, *El derecho como objeto cultural.* «Universidad», 25 (1952).

VILANOVA, JOSÉ MARÍA, *Los enfoques pragmático y fenomenológico del derecho.* «La Ley», 92 (1958), pp. 700-710.

WEINBERGER, OTA, *Recht, Institution und Rechtspolitik.* Stuttgart, Franz Steiner, 1987. Traducción inglesa: *Law, Institution and Legal Politics.* Dordrect, Kluwer, 1991.

WITTGENSTEIN, LUDWIG, *Ludwig Wittgenstein und der Wiener Kreis. Gespräche, aufgezeichnet von Friedrich Waismann.* Oxford, Basil Blackwell, 1967. Frankfurt am Main, Suhrkamp, 1989. Traducción castellana de Manuel Arboli: *Wittgenstein y el círculo de Viena.* México, Fondo de Cultura Económica, 1973.

WRIGHT, GEORG HENRIK VON, *On Promises.* «Theoria», 28 (1962), pp. 277-297. Reedición en: Wright, Georg Henrik von, *Practical Reason.* Oxford, Blackwell, 1983, pp. 67-82.

ZALTA, EDWARD / MCMICHAEL, ALAN, *An Alternative Theory of Nonexistent Objects.* «Journal of Philosophical Logic», 9 (1980), pp. 297-313.

ZALTA, EDWARD, *Abstract Objects: An Introduction to Axiomatic Methaphysics.* Dordrecht, Reidel, 1983.

ZNAMIEROWSKI, CZESLAW, *O przedmiocie i fakcie spolecznym [Objetos sociales y hechos sociales*]. «Przeglad Filozoficzny», 24 (1921), pp. 1-33.

ZNAMIEROWSKI, CZESLAW, *Podstawowe pojecia teorji prawa.* I. Uklad prawny i norma prawna [Conceptos fundamentales de teoría del derecho I. Estructura jurídica y norma jurídica]. Poznan, Fiszer i Majewski, 1924.

ASIMETRÍAS DE LA VALIDEZ DEÓNTICA

Carlos Alarcón Cabrera y Andrea Rossetti

«Dos son los únicos caminos de investigación que se pueden pensar; uno: que es y que no es posible no ser; el otro: que no es y que es necesario no ser»

Parménides

1. VALIDEZ DEÓNTICA EN CONTE

En el presente trabajo trataremos de estudiar las relaciones entre validez y theticidad en la tipología contiana de la validez.

En el epígrafe 1. expondremos los conceptos de norma y de validez propuestos por Conte.

En el epígrafe 2. analizaremos la asimetría del concepto de validez semántica.

En el epígrafe 3. analizaremos la simetría del concepto de validez pragmática.

1.1. Cuatro acepciones de 'norma'

En *Studio per una teoría della validitá*[1], 1970, Conte formuló la siguiente pregunta[2]: ¿De qué cosa se predica la validez que es preci-

---

1 Antes que en *Studio per una teoria della validità*, 1970, Conte se había ocupado ya del problema de la validez en trabajos como: *Un saggio filosofico sopra la logica deóntica*, 1965; *Ordinamento giuridico*, 1966; *In margine all'ultimo Kelsen*, 1967; *Primi argomenti per una critica del normativismo*, 1968.

2 En *Studio per una teoria della validità* (p. 331), Conte formula también otras dos preguntas:
(i) ¿Qué concepto de norma es metafisicamente más neutral y metodológicamente más fecundo para analizar el problema de la validez de las normas?
(ii) ¿Cuál es el objeto y cuál es el sujeto de los juicios de validez?

samente el objeto de la teoría de la validez? Como respuesta a esta pregunta, Conte elaboró una tetracotomía de los conceptos de norma basándose en la distinción, propia de la lingüística, entre «enunciado» («sentence»), «enunciación» («utterance») y «proposición» («proposition»). He aquí la tetracotomía de Conte:

- (i) 'norma' como enunciado deóntico;
- (ii) 'norma' como acto de enunciación de un enunciado deóntico;
- (ni) ' norma' como proposición deóntica expresada por un enunciado deóntico;
- (iv) 'norma' cómo status deóntico, como estado de cosas extralingüístico al que hace referencia una proposición deóntica.

1.2. Tipología de la validez deóntica

En *Mínima deontica,* 1988, Conte desarrolla su concepto de validez deóntica. Partiendo del análisis del término 'validez' en los sintagmas 'validez de una derogación' y 'derogación de validez'[3], distingue tres conceptos de validez deóntica: validez sintáctica, validez semántica, validez pragmática.

De hecho, en *Mínima deontica* Conte no estudia la validez deóntica en sí misma, sino sus condiciones de posibilidad y las posibles formas de cualquier discurso posible sobre la validez deóntica[4].

Los tres conceptos de validez son los vértices de lo que Conte llama (en referencia a la teoría semiótica) el triángulo deóntico.

1.2.1. Validez sintáctica de status deónticos

La validez sintáctica se predica de status deónticos. Es la validez dependiente de las reglas constitutivas del ordenamiento, reglas que condicionan la validez de los status deónticos en y por el ordenamiento.

---

[3] Entre *Studio per una teoria della validità*, 1970, y *Minima deontica,* 1988, Conte estudia el problema de la validez en trabajos como: *Ricerca d'un paradosso deontico*, 1974; *Validità*, 1974; *Experimenti mit der Fachsprache der Deontik*. 1975; *Codici deontici*. 1976; *Aspekte der Semantik der deontischen Sprache,* 1977; *Aspetti della semantica del linguaggio deontico*, 1977; *Parerga leibnitiana*, 1978; *Deontico vs. dianoetico*, 1986; *Tre domande sull'abrogazione*, 1987.

[4] Cf. Amedeo G. Conte, *Prefazione a Filosofia del linguaggio normativo II. Studi 1982-1994*, 1995.

La validez sintáctica puede ser validez sintáctica thética o validez sintáctica at- hética:

- La validez sintáctica thética de un status deóntico es la validez que es el producto de un acto deóntico (por ejemplo, la validez de un status deóntico «puesta» por un acto de legislación).
- La validez sintáctica athética de un status deóntico es la validez que no es el producto de un acto deóntico (por ejemplo, la validez «no puesta» de un status deóntico consuetudinario)[5].

1.2.2. Validez semántica de enunciados deónticos

La validez semántica se predica de enunciados deónticos. Es el «análogon» deóntico de la verdad de los enunciados apofánticos: del mismo modo que los enunciados apofánticos son verdaderos o falsos, los enunciados deónticos son válidos o inválidos. La validez es la «Bedeutung» deóntica de los enunciados deónticos[6].

La validez semántica puede ser validez semántica thética o validez semántica athética[7].

La validez semántica thética es la validez de un enunciado deóntico que consiste en su correspondencia con un status deóntico théticamente constituido a través de la enunciación del propio enunciado deóntico.

---

[5] Amedeo G. Conte, *Minima deontica,* 1988, pp. 435-437 y 454-461; Sobre el concepto de validez sintáctica, cf. Amedeo G. Conte, *Validità athetica,* 1990; Giampaolo M. Azzoni, *Cognitivo e Normativo: il Paradosso delle Regole Tecniche,* 1991, pp. 27-33; Paolo di Lucia, *Deontica in von Wright,* 1992, pp. 30 ss.; Carlos Alarcón Cabrera, *Validità sintattica vs. invalidità sintattica in Theodor Geiger,* 1994; Amedeo G. Conte. / Carlos Alarcón Cabrera, *Deóntica de la validez,* 1995.

[6] Sobre la evolución del concepto de validez semántica en Conte, cf. Amedeo G. Conte, *In margine all'ultimo Kelsen*, 1967; *Primi argomenti per una critica del normativismo,* 1968; *Ricerca d'un paradosso deontico*, 1974; *Experimente mit der Fachsprache der Deontik. Kritisches zur Sprache der Semantik der normativen Sprache*, 1975; *Aspekte der Semantik der deontischen Sprache*, 1977; *Aspetti della semantica del linguaggio deontico*, 1977; *Deontico vs. dianoetico*, 1986; *Deóntica de la negación en Jerzy Sztykgold*, 1995.

[7] En *Validità semantica en deontica,* 1992, Giampaolo M. Azzoni distingue dos acepciones diferentes del sintagma 'validez semántica'. En la primera acepción, el sintagma denota el concepto de validez semántica como verdad deóntica. En la segunda acepción, el sintagma denota el concepto de validez semántica como «análogon» deóntico de la verdad.

La validez semántica athética es la validez de un enunciado deóntico que consiste en su correspondencia con un status deóntico preexistente a la enunciación del enunciado deóntico[8].

1.2.3. Validez pragmática de actos deónticos

La validez pragmática se predica de actos deónticos y es relativa a condiciones. Puede ser validez pragmática thética o validez pragmática athética.

La validez pragmática thética (praxeonómica) es la validez de un acto relativa a condiciones extrínsecas a la estructura del propio acto.

La validez pragmática athética (praxeológica) es la validez de un acto relativa a condiciones intrínsecas a la estructura del acto (en cierto sentido, la validez praxeológica es condición necesaria de validez praxeonómica)[9].

1.3. Thético y athético en la tipología de la validez deóntica

En la tipología contiana de la validez deóntica, los términos 'thético' y 'athético' juegan un papel fundamental.

El término 'thético' es un término introducido por Conte en este contexto con un significado similar al que Friedrich A. von Hayek atribuía al término 'thesis'[10].

---

8 Amedeo G. Conte, *Minima deontica*, 1988, pp. 446-452. Sobre el concepto de validez semántica, cf. Georges Kalinowski, *Le próbleme dela vérité en morale et en droit*, 1967; Juan Ramón Capella, *El derecho como lenguaje*, 1968; Amedeo G. Conte, *Ricerca d'un paradosso deontico*, 1974; Carlos Cossio, *Teoría de la verdad jurídica*, 1954; Dora Sánchez García, *Definición de la norma verdadera*, 1986; Roberto J. Vernengo, *Sobre algunos criterios de verdad normativa*, 1986; Stefano Radice, *Regole costitutive e sillogismo normativo*, 1992; Giampaolo M. Azzoni, *Validità semantica in deontica*, 1992; Carlos I. Massini Correas, *Lenguaje de las normas y derecho Natural. Consideraciones sobre Georges Kalinowski y la semántica normativa*, 1993; Carlos Alarcón Cabrera, *Nuevos materiales para una semántica del lenguaje normativo: lecturas deónticas de una paradoja de Lewis Carroll*, 1993; Carlos Alarcón Cabrera, *Validità semantica e sillogismo normativo*, 1995.

9 Amedeo G. Conte. *Minima deóntica*, 1988, pp. 431-437. Sobre el concepto de validez pragmáti.ca, cf. Maria-Elisahelb Conte, *La pragmatica linguistica*, 1983; Maria-Elisabeth Conte. *Délocutivité, Performativité, Contreperformativité*, 1984; Amedeo G. Conte, *Fenomeni di fenomeni*, 1986; Amedeo G. Conte, *Forma performativa*, 1994; Amedeo G. Conte, *Performativo vs. normativo*, 1994; Carlos Alarcón Cabrera, *Validez pragmática. Una discusión con A. G. Conte*, 1993; Carlos Alarcón Cabrera, *Normas y paradojas*, 1993; Andrea Rossetti, *Performativi in Jean-Louis Gardies: verità, verificabilità, vero-funzionalità*, 1994; Carlos Alarcón Cabrera, *El concepto deóntico de validez pragmática*, 1995.

10 Amedeo G. Conte, *Minima deontica*, 1988, p. 448 y nota 14.

Conforme a lo expuesto en el epígrafe 1.2., 'thético' y 'athético' se predican de tres entidades diferentes:

- (i) Cuando se habla de validez sintáctica, la theticidad se predica de la validez del status deóntico en sí misma.
- (ii) Cuando se habla de validez semántica, la theticidad se predica del status deóntico al que hace referencia el enunciado deóntico.
- (iii) Cuando se habla de validez pragmática, la theticidad se predica de las reglas a las que es relativo el acto deóntico.

En el presente trabajo trataremos de mostrar la ambigüedad de algunas interpretaciones de los conceptos de validez semántica thética y de validez semántica athética, y de los conceptos de validez pragmática thética (praxeonómica) y validez pragmática athética (praxeológica).

2. VALIDEZ SEMÁNTICA Y THETICIDAD

Como señala Conte, que exista una validez semántica de enunciados deónticos, y que esta validez semántica sea el «análogon» deóntico de la verdad de los enunciados apofánticos, son dos tesis cuyas presuposiciones e implicaciones parecen cuestionables, pero no por ello debe dejar de teorizarse sobre ellas[11].

2.1. Asimetría del concepto de validez semántica

Según la teoría de la validez semántica thética, la validez semántica (verdad deóntica) de un enunciado deóntico consiste en su correspondencia con un status deóntico théticamente constituido a través de la enunciación thética del propio enunciado deóntico.

La validez pragmática (en y por un ordenamiento 'S') de la enunciación thética de un enunciado deóntico condiciona la validez sintáctica (en y por 'S') del status deóntico «puesto» por el acto deóntico, que a su vez condiciona la validez semántica (en y por 'S') del enunciado deóntico. El «prius», recalca Conte, es para esta teoría la validez pragmática.

Conte no denomina «validez semántica thética» a la validez relativa a status deónticos «puestos» (genéricamente); denomina

11 Amedeo G. Conte, *Minima deontica*, 1988, pp. 447-448.

«validez semántica thética» a la validez relativa a status deónticos «puestos» (específicamente) por el mismo enunciado del que se predica la propia validez semántica thética.

Según la teoría de la validez semántica athética, la validez semántica (verdad deóntica) de un enunciado deóntico consiste en la correspondencia del enunciado deóntico con un status deóntico constituido previamente a la enunciación thética del propio enunciado; en palabras de Kalinowski, en su correspondencia con la «realidad deóntica».

La validez semántica athética se predica tanto de enunciados deónticos que hacen referencia a status deónticos athéticos, como de enunciados deónticos que hacen referencia a status deónticos théticos puestos por un enunciado distinto de aquél del que se predica la validez semántica athética.

Un fenómeno similar no se verifica para los restantes dos conceptos de validez deóntica: la validez pragmática y la validez sintáctica.

Proponemos ahora dos modos diferentes de combatir esta asimetría que afecta al concepto de validez semántica.

2.2. Dos tentativas para restaurar la simetría

2.2.1. Primera tentativa

La primera tentativa consiste en un experimento mental mediante el cual trataremos de reproducir, respecto a la validez pragmática y respecto a la validez sintáctica, un fenómeno análogo al de la verificación de un enunciado a través de su enunciación, fenómeno que se produce respecto a la validez semántica[12].

2.2.1.1. Siguiendo la definición de la validez semántica thética, podría construirse la siguiente definición análoga de la validez pragmática thética: «La validez pragmática thética de un acto es la validez relativa a reglas théticamente constituidas por el propio acto». El acto pone las reglas de su propia validez.

---

[12] Cf. Amedeo G. Conte, *In margine all'ultimo Kelsen*, 1967, pp. 119-120; *Primi argomenti per una critica del normativismo*, 1968, pp. 23-24; *Aspetti della semantica del linguaggio deóntico*, 1977, pp. 150-151.

Cuestionarse si esta definición (que a primera vista puede parecer paradójica) es posible equivale a preguntarse: ¿puede un acto poner las condiciones de su propia validez? (No es necesario especificar que esas condic'ones son condiciones de validez pragmática: el concepto de acto selecciona el concepto de validez pragmática). Las respuestas a esta pregunta se examinarán en el epígrafe 3.3.

2.2.1.2. Respecto a la validez sintáctica, no se puede construir una definición análoga a la definición de la validez semántica thética, porque validez sintáctica y validez semántica son estructuralmente hetereogéneas. La validez sintáctica no consiste en una relación, no puede ser representada por una función con dos argumentos del tipo G (x, y), como sí ocurre en relación con la validez semántica y en relación con la validez pragmática. Los conceptos de validez semántica y de validez pragmática son conceptos inconmensurables respecto al concepto de validez sintáctica.

2.2.2. Segunda tentativa

La segunda tentativa consiste en modificar parcialmente (no el concepto, sino) la teoría (teoría en la que basa el concepto) de la validez semántica expuesta por Conte en Mínima deontica.

2.2.2.1. Según esta teoría alternativa de la validez semántica thética, la validez semántica (verdad deóntica) thética de un enunciado deóntico consistiría en su correspondencia con un status deóntico (thético o athético) sintácticamente válido en y por un ordenamiento (en términos iuspositivistas: «con un status deóntico válido de acuerdo con el derecho positivo»).

Entonces, la validez pragmática de una enunciación thética de un enunciado deóntico no condicionaría necesariamente su validez semántica thética, que podría predicarse del enunciado deóntico («deontic sentence») aunque no existiera ninguna enunciación deóntica («deontic utterance») del mismo. El «prius» no sería la validez pragmática, sino la validez sintáctica (thética o athética).

Correlativamente, la validez semántica (verdad deóntica) athética de un enunciado deóntico consistiría en su correspondencia con la «realidad deóntica» (en términos iusnaturalistas: «con un status deóntico válido de acuerdo con el derecho natural»).

2.2.2.2. Ateniéndose a esta teoría alternativa de la validez semántica thética, la theticidad de la validez semántica de un enunciado deóntico no estaría condicionada por la theticidad de la validez sintáctica del status deóntico correspondiente: un enunciado deóntico correspondiente a un status deóntico athéticamente válido podría poseer validez semántica thética.

Si el deber de hacer 'p', en y por el ordenamiento 'S', es válido aunque no haya sido «puesto» por un acto de normación pragmáticamente válido (si es un status deóntico athéticamente válido), ello no excluye que sea «deónticamente verdadero» (que posea validez semántica thética) el enunciado deóntico «En y por el ordenamiento 'S', debe hacerse 'p'», aunque de dicho enunciado (de dicho «sentence») no haya existido ninguna enunciación (ningún «utterance»).

Por ejemplo, si el deber de los alumnos de ponerse en pie a la entrada del profesor, en y por el ordenamiento universitario, es válido aunque no haya sido puesto por un acto de normación pragmáticamente válido (si es un status deóntico athéticamente válido), ello no excluye que sea «deónticamente verdadero» (que posea validez semántica thética) el enunciado deóntico «En y por el ordenamiento universitario, los alumnos deben ponerse en pie a la entrada del profesor», aunque de dicho enunciado no haya existido ninguna enunciación.

3. VALIDEZ PRAGMÁTICA Y THETICIDAD

Como se ha señalado en el epígrafe 1.2.3., la validez pragmática de un acto depende de condiciones. Conte distingue entre condiciones de validez praxeonómicas (condiciones puestas «ab extra») y condiciones de validez praxeológicas (condiciones inherentes al propio concepto del acto)[13].

3.1. Thético y athético vs. praxeonómico y praxeológico

En *Mínima deontica,* la oposición thético vs. athético se utiliza como interpretación de la oposición praxeonómico vs. praxeológico. La dicotomía validez pragmática thética vs. validez pragmática athética es una interpretación de la distinción entre validez pragmática praxeonómica y validez pragmática praxeológica. Pero para que esta interpretación sea correcta es necesario que exista equivalencia extensional entre «praxeonómico vs. praxeológico» y «thético vs. athético».

---

[13] Amedeo G. Conte, *Minima deontica,* 1988, p. 446.

Las dos parejas de conceptos no parecen extensionalmente equivalentes:

- (i) La validez praxeonómica (relativa a condiciones extrínsecas a la naturaleza del acto) no implica la naturaleza de tales condiciones, que pueden ser théticas o athéticas, que pueden estar «puestas» o «no puestas».
- (ii) Análogamente, la validez praxeológica (relativa a condiciones intrínsecas a la naturaleza del acto) no implica la naturaleza de tales condiciones, que, asimismo, pueden ser théticas o athéticas, pueden estar «puestas» o «no puestas».

3.2. Tetracotomía de la validez pragmática

La distinción en términos de condición efectuada en el epígrafe **3.1.** es relevante para la teoría de la validez porque provocaría una tetracotomía de la validez pragmática. Cuatro serían las especies de validez pragmática:

- (i) Validez praxeonómica thética.
- (ii) Validez praxeonómica athética.
- (iii) Validez praxeológica thética.
- (iv) Validez praxeológica athética.

Proponemos cuatro ejemplos para cada uno de los cuatro conceptos[14]. Hacen referencia al acto del contrato de compra-venta de un bien inmueble:

- (i) Una condición de validez praxeonómica thética es puesta por el artículo 1280 del Código civil español (artículo que pertenece al Capítulo ilustrativamente titulado «De la eficacia de los contratos»): «El contrato debe hacerse constar por escrito en documento público».
- (ii) Una condición de validez praxeonómica athética: el contrato no puede estar escrito a mano; debe estar escrito a má-

[14] En Carlos Alarcón Cabrera. *Validez pragmática. Una discusión can A.G. Conte*, 1993 se propone una tipología de la validez pragmática basada (no en el concepto de condición, sino) en el concepto de regla: (i) validez *praxeonómico-eidética,* validez determinada por reglas eidético-constitutivas (y por las reglas anankásticas praxeonómicas que las presuponen); (ii) validez *praxeonómico-anankástica,* validez determinada por reglas anankástico-constitutivas (y por las reglas anankásticas praxeonómicas que presuponen las condiciones necesarias puestas por las reglas anankástico-constitutivas). (Cf. Giuseppe Lorini, *Anankastico in deontica,* 1993, pp. 34 ss.).

quina (existe la norma no escrita, seguida por ciudadanos y jueces, según la cual el contrato escrito a mano no es válido).

– (iii) Una condición de validez praxeológica thética es puesta por el artículo 1272 del Código civil español (artículo que pertenece al Capítulo ilustrativamente titulado «De los requisitos esenciales para la validez de los contratos»): «No podrán ser objeto de contrato las cosas imposibles».

– (iv) Una condición de validez praxeológica athética: En el contrato debe mencionarse el bien que se vende.

3.3. Autorreferencia en el concepto de validez pragmática

Retomemos la pregunta formulada en el epígrafe 2.2.1.: ¿Puede un acto poner las condiciones de su propia validez?, ¿es posible respecto a la validez pragmática un fenómeno análogo al de la verificación de un enunciado a través de su enunciación (fenómeno que se produce respecto a la validez semántica)?

En el contexto de la tetracotomía de la validez pragmática expuesta en el epígrafe 3.2., esta pregunta se ramifica en dos:

– (i) ¿Puede un acto poner las condiciones de su propia validez praxeonómica thética (condiciones inherentes a la propia estructura del acto)?

– (ii) ¿Puede un acto poner las condiciones de su propia validez praxeológica thética (condiciones no inherentes a la propia estructura del acto)?

Proponemos dos ejemplos para la hipotética contestación afirmativa a cada una de las dos preguntas:

– (i) Un ejemplo de un acto que pone condiciones de su propia validez praxeonómica podría ser el acto de promulgación de la siguiente norma constitucional: «La creación o reforma de toda norma constitucional, incluida la presente, debe ser aprobada por una mayoría de tres quintos de cada una de las cámaras» (condición establecida en términos no idénticos por el artículo 167.1 de la Constitución española[15]).

---

[15] Cf. Carlos Alarcón Cabrera, *El «puzzle» constitucional de Ross en el marco teórico de las reglas constitutivas*, 1993; *Normas y paradojas*, 1993, pp. 51 ss.; *Constitutive Constitutional Reform*, 1995.

– (ii) Un ejemplo de un acto que pone condiciones de su propia validez praxeológica thética podría ser el acto de promulgación de la siguiente norma: «La promulgación de una norma es válida si la norma no es ya válida».

BIBLIOGRAFÌA

ALARCÓN CABRERA, CARLOS, *Validez pragmática. Una discusión con A.G. Conte.* «Rivista internazionale di filosofia del diritto», 70 (1993), pp. 341-354.

ALARCÓN CABRERA, CARLOS, *El «puzzle» constitucional de Ross en el marco teórico de las reglas constitutivas.* «Doxa», 13 (1993), pp. 215-234.

ALARCÓN CABRERA, CARLOS, *Normas y paradojas.* Madrid, Tecnos, 1993.

ALARCÓN CABRERA, CARLOS, *Validità sintattica vs. invalidità sintattica in Theodor Geiger.* «Rivista internazionale di filosofia del diritto», 71 (1994), pp. 373-384.

ALARCÓN CABRERA, CARLOS, *Nuevos materiales para ima semàntica del lenguaje normativo: lecturas deónticas de una paradoja de Lewis Carroll.* «Anuario de filosofia del derecho», 10 (1993), pp. 275-289. Reedición con modificaciones en: «Theoria», 9 (Mayo 1994), pp. 123-134.

ALARCÓN CABRERA, CARLOS, *El concepto deóntico de validez pragmática.* En: Escalona, Gaspar / Ayllón, Jesús / Gayo, Mª Eugenia (eds.), *La teoría y la filosofía del derecho en el mundo actual. Homenaje al Profesor Fernández-Galiano.* Madrid, Uned, 1995, pp. 7-17.

ALARCÓN CABRERA, CARLOS, *Constitutive Constitutional Reform.* «Ratio Juris», 8 (1995).

ALARCÓN CABRERA, CARLOS, *Validità semantica e sillogismo normativo.* «Materiali per una storia della cultura giuridica», 25 (1995).

AZZONI, GIAMPAOLO M., *Cognitivo e normativo.* Milano, Franco Angeli, 1991.

AZZONI, GIAMPAOLO M., *Validità semantica in deontica.* «Rivista internazionale di filosofia del diritto», 69 (1992), pp. 166-177.

CAPELLA HERNÁNDEZ, JUAN R., *El derecho como lenguaje.* Barcelona, Ariel, 1968.

CONTE, AMEDEO G., *Un saggio filosofico sopra la logica deontica.* «Rivista internazionale di filosofia del diritto», 42 (1965), pp. 564-577. Reedición en: Conte, Amedeo G., *Filosofia del linguaggio normativo I. Studi 1965-1981.* Torino, Giappichelli, 1989, pp. 1-16.

CONTE, AMEDEO G., *Ordinamento giuridico.* En: *Novissimo digesto italiano.* Torino, UTET, voi. XII, 1966, pp. 45-54.

CONTE, AMEDEO G., *In margine all'ultimo Kelsen.* Studia ghisleriana, serie I, 4 (1967), pp. 113-125. Reedición con algunas modificaciones en: Guastini, Riccardo (ed.), *Problemi di teoria del diritto.* Bologna, Il Mulino, 1980, pp. 197-208. Reedición de la segunda edición en: Conte, Amedeo G., *Filosofia del linguaggio normativo I. Studi 1965-1981.* Torino, Giappichelli, 1989, pp. 17-30.

CONTE, AMEDEO G., *Primi argomenti per una critica del normativismo.* Pavia, Tipografia del libro, 1968.

CONTE, AMEDEO G., *Studio per una teoria della validità.* «Rivista internazionale di filosofia del diritto», 47 (1970), pp. 331-354. Reedición con algunas modificaciones en: Guastini, Riccardo (ed.), *Problemi di teoria del diritto.* Bologna, Il Mulino, pp. 325-342. Reedición de la segunda edición en: Conte, Amedeo G., *Filosofia del linguaggio normativo I. Studi 1965-1981.* Torino, Giappichelli, 1989, pp. 55-74.

CONTE, AMEDEO G., *Ricerca d'un paradosso deontico.* «Rivista internazionale di filosofia del diritto», 51 (1974), pp. 481-511. Reedición: Conte, Amedeo G., *Ricerca d'un paradosso deontico.* Pavia, Tipografia del libro, 1974. Segunda reedición en: Conte, Amedeo G., *Filosofia del linguaggio normativo I. Studi 1965-1981.* Torino, Giappichelli, 1989, pp. 75-116.

CONTE, AMEDEO G., *Validità.* En: *Novissimo digesto italiano.* Torino, UTET, vol. XX, 1975, pp. 418-425. Reedición en: Conte, Amedeo G., *Filosofia del linguaggio normativo I. Studi 1965-1981.* Torino, Giappichelli, 1989, pp. 117-145.

CONTE, AMEDEO G., *Experimente mit der Fachsprache der Deontik.* En: Petöfi, János S. / Podlech, Adalbert / Savigny, Eike von (eds.), *Fachsprache-Umgangssprache.* Kronberg im Taunus, Scriptor Verlag, 1975, pp. 225-244.

CONTE, AMEDEO G., *Codici deontici.* En: *Intorno al «codice». Atti del terzo convegno della AISS Associazione italiana di studi semiotici* (Pavia, 1975). *Firenze, La Nuova Italia,* 1976, pp. 13-25.

CONTE, AMEDEO G., *Aspekte der Semantik der deontischen Sprache.* En: Conte, Amedeo G. / Hilpinen, Risto / Wright, Georg Henrik von (eds.), *Deontische Logik und Semantik.* Wiesbaden, Athenaion, 1977, pp. 59-73.

CONTE, AMEDEO G., *Aspetti della semantica del linguaggio deontico.* En: di Bernardo, Giuliano (ed.), *Logica deontica e semantica.* Bologna, Il Mulino, 1977, pp. 147-175. Reedición en: Conte, Amedeo G., *Filosofia del linguaggio normativo I. Studi 1965-1981.* Torino, Giappichelli, 1989, pp. 171-191.

CONTE, AMEDEO G., *Parerga leibnitiana.* En: Maretti, Enrico / Ciampi, Costantivo / Martino, Antonio Anseimo (eds.), *Logica, informatica, diritto.* I. Firenze, Le Monnier, 1978, pp. 217-255.

CONTE, AMEDEO G., *Fenomeni di fenomeni.* «Rivista internazionale di filosofia del diritto», 63 (1986), pp. 29-57.

CONTE, AMEDEO G., *Deontico vs. dianoetico.* «Materiali per una storia della cultura giuridica», 16 (1986), pp. 489-494. Traducción española de Carlos Alarcón Cabrera: *Deontico vs. dianoético.*

En: Conte, Amedeo G. / Alarcón Cabrera, Carlos, *Deontica de la validez.* Madrid, Tecnos, 1995.

CONTE, AMEDEO G., *Tre domande sull'abrogazione.* En: Luzzati, Claudio (ed.), *L'abrogazione delle leggi. Un dibattito analitico.* Milano, Giuffrè, 1987, pp. 39-45.

CONTE, AMEDEO G., *Minima deontica.* «Rivista internazionale di filosofia del diritto», 65 (1988), pp. 427-475.

CONTE, AMEDEO G., *Filosofia del linguaggio normativo I. Studi 1965-1981.* Torino, Giappichelli, 1989, pp. 17-30.

CONTE, AMEDEO G., *Validità athetica.* En: Castignone, Silvana (ed.), *Studi in memoria di Giovanni Tarello.* Milano, Giuffrè, vol. 2, 1990, pp. 163-176. Traducción española de Carlos Alarcón Cabrera: *Validez athética.* Doxa, 17 (1995).

CONTE, AMEDEO G., *Forma performativa.* Traducción española de Carlos Alarcón Cabrera. «Anuario de filosofía del derecho», 11 (1994).

CONTE, AMEDEO G., *Performativo vs. normativo.* En: Scarpelli, Uberto / Di Lucia, Paolo (eds.), *Il linguaggio del diritto.* Milano, LED, 1994, pp. 247-263.

CONTE, AMEDEO G., *Deóntica de la negación en Jerzy Sztykgold.* «Theoria», 10 (Enero 1995), pp. 163-190.

CONTE, AMEDEO G., *Filosofia del linguaggio normativo II. Studi 1982-1994.* Torino, Giappichelli, 1995.

CONTE, AMEDEO G. / ALARCÓN CABRERA, CARLOS, *Deóntica de la validez.* Madrid, Tecnos, 1995.

CONTE, MARIA-ELISABETH, *La pragmatica linguistica.* En: Segre, Cesare (ed.), *Intorno alla linguistica.* Milano, Feltrinelli, 1983, pp. 94-128.

CONTE, MARIA-ELISABETH, *Délocutivité, performativité, contreperformativité.* En: Serbat, Guy (ed.), *E. Benveniste aujourd'hui.* Tome I. Paris, Société pour l'Information grammaticale, 1984, pp. 65-76.

COSSIO, CARLOS, *Teoría de la verdad jurídica.* Buenos Aires, Losada, 1954.

DI LUCIA, PAOLO, *Deontica in von Wright.* Milano, Giuffrè, 1992.

KALINOWSKI, GEORGES, *Le problème de la vérité en morale et en droit.* Lyon, Vitte, 1967.

LORINI, *Anankastico in deontica.* Tesi di laurea, Pavia, 1993.

MASSINI CORREAS, CARLOS I., *Lenguaje de las normas y Derecho Natural. Consideraciones sobre Georges Kalinowski y la semántica normativa.* «Anuario de filosofía del derecho», 10 (1993), pp. 325-345.

RADICE, STEFANO A., *Regole costitutive e sillogismo normativo.* «Rivista internazionale di filosofia del diritto», 69 (1992), pp. 419-429.

ROSSETTI, ANDREA, *Performativi in Jean-Louis Gardies: verità, verificabilità, vero-funzionalità.* «Rivista internazionale di filosofia del diritto», 71 (1994), pp. 462-492.

SÁNCHEZ GARCÍA, DORA, *Definición de la norma verdadera.* «Theoria», 2 (1986), pp. 535-546.

VERNENGO, ROBERTO J., *Sobre algunos criterios de verdad normativa.* «Doxa», 3 (1987), pp. 233-242.

NORMATIVIDAD Y PERFORMATIVIDAD

AMEDEO G. CONTE

Können wir uns denn darin nicht irren, dass wir eine Frage verstehen?

¿No podemos estar equivocados cuando pensamos que comprendemos una pregunta?

Ludwig Wittgenstein

1. PERFORMATIVIDAD THETICA VS. PERFORMATIVIDAD ATHETICA

1.1. 'Davar'

En hebreo, existe una palabra que significa tanto «palabra» como «cosa». Esta palabra es 'davar' (o 'dabar'). Que una palabra signifique dos conceptos opuestos, antitéticos (como «palabra» y «cosa»), parece paradójico. Sin embargo, existen casos en los cuales ocurre lo que dice Ramón Pérez de Ayala: «La cosa y la palabra es lo mismo». Existen casos en los cuales la enunciación *(enunciazione, Äusserung, énonciation, utterance*) de un enunciado (*enunciato, Satz, énoncé, sentence*) realiza lo que el enunciado significa. Este es el fenómeno del que surge la teoría de la performatividad[1].

1.2. Dos formas de performatividad

1.2.1. ¿Y qué cosa significa «realizar lo que el enunciado significa»? Para responder a esta pregunta, examinaremos dos casos en

[1] El adjetivo inglés *performative* es un neologismo derivado del verbo to *perform* («realizar»). Se remonta al filósofo del lenguaje John Langshaw Austin (1911-1960), autor de *How to Do Things with Words [Cómo hacer cosas con palabras*], obra póstuma de 1962. El término inglés *performative* ha sido acogido por las principaleb lenguas: el alemán *performativ*, el francés *performatif*, el polaco *performatywny*, el italiano *performativo*, el español performativo. Frecuentemente, el adjetivo ha sido sustantivado: los performativos se llaman en inglés *performatives*, en alemán *Performative*, en polaco *performatywy* (sin la «n» antes de la segunda «y»: *perfonnatywy* significa «los performativos»; *performatywny*, con la «n», significa «performativo»). El concepto de «performatividad» es uno de los conceptos-llave de la disciplina llamada «pragmática».

los cuales la enunciación de un enunciado realiza lo que el enunciado significa.

– (i) La enunciación del enunciado 'Te lo agradezco' realiza el acto de agradecimiento que el enunciado 'Te lo agradezco' significa.
– (ii) La enunciación del enunciado 'El interdicto tiene el domicilio del tutor', en el contexto de un código (Código civil italiano, art. 45), realiza el estado de cosas que el enunciado significa: lo realiza adscribiendo a todo interdicto el domicilio del tutor.

1.2.2. La heterogeneidad de los dos ejemplos que he puesto se manifiesta al instante. Una cosa es realizar un acto, un *Akt,* (entendiendo «realizar» en el sentido del verbo alemán *verwirklichen),* y otra cosa es realizar un estado de cosas, un *Sachverhalt*[2].

1.2.2.1. En referencia al paradigma aristotélico: *praxis vs. poíesis,* en un primer momento llamé a los actos performativos de la primera especie «actos de práxis»; a los actos performativos de la segunda especie, «actos de poíesis».

1.2.2.2. Más recientemente, he propuesto para las dos especies de performatividad, respectivamente, los términos 'performatividad athética' y 'performatividad thética':

– (i) Es thética (del griego *thésis,* «acto de posición») la performatividad de las enunciaciones que realizan un estado de cosas (por ejemplo: la enunciación del enunciado 'El interdicto tiene el domicilio del tutor').
– (ii) Es athética (es decir, no-thética) la performatividad de las enunciaciones que no realizan un estado de cosas, sino un acto (por ejemplo: la enunciación del enunciado 'Te lo agradezco', que no realiza ningún estado de cosas sino que simplemente realiza el acto de agradecimiento que el enunciado 'Te lo agradezco' significa).

2. GÉNESIS DE LA TEORIA DE LA PERFORMATIVIDAD

La teoría de la performatividad (*performativita, Performativität, performativité, performativity),* o, más brevemente, de los performativos,

---

[2] Para los dos sentidos de 'realizar' existen, en alemán, dos verbos distinos con la misma etimología (ambos proceden de la raíz del verbo *wirken,* «obrar», del sustantivo *Werk,* «obra», del adjetivo *wirklich,* «real»). Estos dos verbos con la misma raíz son *verwirklichen y erwirken.*

surge de la tematización (y problematización) del fenómeno (aparentemente obvio) llamado (por Erwin Koschmieder) *Koinzidenzfall* («caso de la coincidencia»). Existen casos en los cuales el hacer coincide con el decir. Ejemplo clásico: la enunciación del enunciado 'Prometo venir mañana' (enunciado que, formalmente, es un enunciado declarativo, un *Deklarativsatz,* una *declarative sentence)* no describe una promesa, sino que es una promesa; el hecho de proferir este enunciado no es una representación [Darste- *llung*] de una promesa, sino una realización, una materialización de una promesa; el acto de la promesa no es objeto de *Darstellung* (representación), sino (como escribe Erwin Koschmieder) de *Auslösung* (realización, producción, efectuación).

2.1. Performatividad en Leonhardus Lessius

Una icástica descripción de este fenómeno que Erwin Koschmieder llamara *Koinzidenzfall* y que sería estudiado, en pragmática *(pragmatica, Pragmatik, pragmatique, pragmatics),* con el nombre de 'performatividad', aparece en Leonhardus Lessius (en flamenco, Lenaert Leys) (1554-1623), *De justitia et de iure,* 1609.

2.1.1. Los performativos que Lessius analiza son la promesa [promissio] y la donación [*donatio*]. Escribe Lessius:

- «Promissio et donatio sunt signa quaedam practica, efficientia id ipsum, quod significant.
- Qui enim dicit: «Promitto tibi», «Do tibi», non solum significat internam co- gitationem et affectum dandi, sed etiam ipsum actum donationis et promissionis, qui in hisce verbis sub tali intentione prolatis [...] consistit.»

Paráfrasis:

- «La promesa [promissio] y la donación [*donatio*] son signos prácticos *[signa practica*] que realizan aquello que significan *[significant].*
- De hecho, decir «Te prometo», o «Te doy», no sólo significa una intención (la intención de prometer o de dar), sino también un acto (el propio acto *[ipsum actum*] de la promesa, o, respectivamente, el propio acto de la donación), acto que consiste [consistit] precisamente en esas palabras [in *hisci verbis*] pronunciadas con tal intención.

2.1.2. Para la teoría de la performatividad, esta larga cita de Lessius es relevante porque Lessius distingue dos cuestiones: una cuestión de semántica *(semantica, Semantik, sémantique, semantics) y una* cuestión de pragmática *(pragmatica, Pragmatik, pragmatique, pragmatics)*[3].

(i) La primera es una cuestión de semántica: concierne a la semántica del enunciado 'Promitto tibi' y del enunciado 'Do tibi'. ¿Cuál es el significado de enunciados como 'Promitto tibi' y 'Do tibi'? ¿Qué es lo que dichos enunciados significan?

A la cuestión (de semántica) del significado de estos enunciados, Lessius responde: Un enunciado como 'Promitto tibi' o como 'Do tibi' es un enunciado *(enunciato, Satz, énoncé, sentence)* cuya enunciación *(enunciazione, Äusserung, énonciation, utterance)* significa [sigmi/tcat] un acto, un *actus* (y, concretamente, el acto de la promesa [actus *promissionis*], en el caso del enunciado 'Promitto tibi'; el acto de la donación [actus *donationis*], en el caso del enunciado 'Do tibi').

(ii) La segunda de las dos cuestiones es una cuestión de pragmática: no concierne al estatuto semántico (al significado) de enunciados *(enunciati, Sätze, énoncés, sentences),* sino al estatuto pragmático de actos *(atti, Akte, actes, acts).* ¿En qué consiste el acto (atto, *Akt, acte, act*) que los enunciados 'Promitto tibi' y 'Do tibi' significan [*siginificant*]?

A la cuestión de pragmáticaLessius responde: el acto de la promesa [actus *proynissionis]* consiste en la enunciación de un enunciado, en la enunciación de las palabras 'Promitto tibi' («in hisce verbis [...] prolatis»). Análogamente, el acto de la donación *[actus donationis*] consiste en la enunciación de las palabras 'Do tibi' («in hisce verbis [...] prolatis»).

2.1.3. El enunciado significa el acto; el acto, a su vez, consiste en la enunciación del enunciado. Estas dos tesis de Lessius no son equivalentes. La segunda tesis (la tesis de pragmática: el acto consiste en la enunciación del enunciado) no es la transformación en pasiva de la primera. Las tesis que Lessius afirma (a propósito de los enunciados «Promitto tibi» y «Do tibi») no son las dos tesis (equivalentes; la segunda es la traducción en pasiva de la primera) (i) y (ii):

---

[3] Semántica y pragmática son dos de las tres partes en las que el filósofo americano Charles William Morris dividió la semiótica *[semiotic].* **La semántica** [*semantics*] **estudia las relaciones entre los signos y los significados; la pragmatica** [pragmatics] estudia las relaciones entre los signos y quienes los usan, entre los signos y sus intérpretes; la sintáctica [sj/ntactics] **estudia las relaciones de los signos entre sí.**

– (i) Las palabras («Promitto tibi», «Do tibi») significan el acto
– (ii) El acto (el *actus promissionis,* el *actus donationis*) es significado por las palabras, sino otras dos tesis, la segunda de las cuales no es la transformación en pasiva de la primera; en concreto, las dos tesis (i) y (iii):
  ~ (i) Las palabras ('Promitto tibi', 'Do tibi') significan el acto
  ~ (iii) El acto (el *actus promissionis,* el *actus donationis)* consiste en las palabras.

(Consistir en no es: **ser significado por.)**

2.2. Performatividad en Erwin Koschmieder

Sin referencia a Lessius, y en un contexto diferente, la singularidad del fenómeno caracterizado por Lessius (las palabras significan el acto; el acto consiste en la enunciación de las palabras que significan el acto) es sutilmente destacada por el lingüista alemán Erwin Koschmieder.

2.2.1. En la enunciación de un enunciado como:

– 'Ich segne dich hiermit'
– 'Yo te bendigo',
– la acción (la *Handlung*) designada por el verbo consiste [*besteht*] en la enunciación *[Aussprechen]* del propio enunciado [Satz]:
– «Die [...] Handlung besteht im Aussprechen des Satzes.»
– «La acción [...] consiste en la enunciación del enunciado.»

2.2.2. El plano del performativo (del *Koinzidenzfall),* del mismo modo que el plano del imperativo, es (escribe Koschmieder en referencia a Karl Bühler) el de la *Auslösung,* el de la realización o efectuación. Pero entre performativo *[Koinzidenzfall]* e imperativo existe una diferencia, que, icásticamente, Koschmieder formula así:

– «Der Koinzidenzfall [...] heischt [...] keine Auslösung wie der Imperativ, sondern er "ist» Auslösung.»
– «A diferencia del imperativo *[Imperativ],* el performativo *[Koinzidenzfall]* no prescribe, no exige *[heischt]* una realización, una efectuación, una *Auslösuyig:* el performativo «es» [«ist»] en sí mismo realización [Auslösung].»

En el *Koinzidenzfall,* no existe ni descripción (representación) de un acto (in *hypothesi:* del acto de la bendición, del acto de bendecir), ni prescripción de un acto, sino ejecución, efectuación, realización *[Auslösung]* de un acto. Frente a la alternativa: descripción (en términos de *Sein,* de ser) o prescripción (en términos de *Sollen,* de deber ser), existe otra alternativa: la realización (la *Auslösung).*

3. CONDICIONES DE VALIDEZ PRAGMÁTICA DE LOS PERFORMATIVOS; CONDICIONES PRAXEOLÓGICAS VS. CONDICIONES PRAXEONÓMICAS

Un acto performativo es un acto. En tanto que acto, tiene condicionesde valídez (en polaco: no *obowiazywanie,* sino *waznosc),* de validez pragmática [*waznosc pragmatyczna].* Las condiciones de validez pragmática son de dos especies:

- *(i) condiciones praxeológicas* (condizioni praxeologiche di validità, praxeologische Gültigkeitsbedingungen, conditions praxéologiques de validité, praxeological validity-conditions) y
- (ii) condiciones praxeonómicas (*condizioni praxeonomiche di validità, praxeonomische Giiltigkeitsbedingungen, conditions praxéonomiques de validité, praxeonomical validity-conditions).*

Correlativamente, existen dos especies de validez pragmática y dos especies de invalidez pragmática.

Las dos especies de validez pragmática son la validez praxeológica (*validità praxeologica, praxeologische Gültigkeit, validité praxéologique, praxeological validity*) y la validez praxeonómica (*validità praxeonomica, praxeonomische Gültigkeit, validité praxéonomique, praxeonomical validity*).

Las dos especies de invalidez pragmática son la invalidez praxeológica (*invalidità praxeologica, praxeologische Ungültigkeit, invalidité praxéologique, praxeological invalidity*) y la invalidez praxeonómica (*invalidità praxeonomica, praxeonomische Ungültigkeit, invalidité praxéonomique, praxeological invalidity*).

3.1. Condiciones praxeológicas de validez pragmática

Las condiciones praxeológicas de validez derivan, *ab intra,* del propio concepto del acto (son conocidas, y reconocidas, por el *lògos,* y no impuestas théticamente por un *nomos,* por una regla, por una norma): no están determinadas, *ab extra,* por un *nomos,* en concreto por una regla anankástico-constitutiva sobre la validez del acto). Por poner un ejemplo, refirámonos al acto performativo por antonomasia: la promesa (*promessa, Versprechen, promesse, promise).* Una condición praxeológica de validez de una promesa (del acto de la promesa) es que el objeto de la promesa sea un acto futuro. (Una promesa que sea promesa de un acto pasado es praxeológicamente inválida, inválida por razones que el *lògos* determina desde un punto de vista teorético.)

La mejor contribución a la teoría de las condiciones praxeológicas de validez pragmática es una obra de un fenomenólogo alemán discípulo de Edmund Husserl: Adolf Reinach, quien dedicó al tema el ensayo *Die apriorischen Grundlagen des bürgerlichen Rechtes [Los fundamentos* a priori *del derecho civil],* 1913.

3.2. Condiciones praxeonómicas de validez pragmática

A diferencia de las condiciones praxeológicas (determinadas desde un punto de vista teorético por el *lògos),* las condiciones praxeonómicas de validez están théticamente determinadas, *ab extra,* por un *nomos,* en concreto por una regla anankástico-constitutiva sobre la validez. Un posible ejemplo de condición praxeonómica de validez de la promesa es la licitud deóntica del acto prometido. Si esta condición necesaria de validez praxeonómica subsiste, es praxeonómicamente inválida toda promesa que sea promesa de un acto ilícito.

4. PERFORMATIVIDAD THETICA (THETICIDAD)

Los performativos más relevantes para la deóntica y para la filosofía del lenguaje normativo son los performativos théticos *(performativi thetici, thetische Performative, performatifs thétiques, thetic performatives*).

4.1. Para clarificar el concepto de performatividad thética (theticidad) cito veinticinco ejemplos de performativos théticos: la convocatoria (de una asamblea), la avocación (de una causa por parte de un juez), la revocación (del mandato), el otorgamiento del mandato, la acusación, la condena, el perdón, la excomunión, la dimisión, la abdicación, la nominación, la ordenación (de un sacerdote), la absolución por parte del sacerdote al terminar la confesión (en alemán: *Absolution;* por contra, la absolución por parte del juez es llamada *Freispruch)*[4], la promulgación, la derogación, la invalidación, la anulación, la convalidación, la rescisión, la apuesta, la expulsión, la rendición, la renuncia, la convocatoria de un concurso, la descalificación, el reconocimiento (*Anerkennung*) de un Estado (en derecho internacional)...

4.2. Detengámonos en siete de estos performativos théticos.

- (i) Invalidar un acto (un testamento, en el derecho; o, en el juego del fútbol, un gol) no es decir que es inválido, sino hacerlo inválido.
- (ii) Consagrar una iglesia no es predicar de ella (rhéticamente) el status de lugar sagrado, sino adscribirle (théticamente) dicho status.
- (iii) Lo mismo ocurre con la secularización: la secularización de una iglesia no es un acto rhético, sino thético.
- (iv) En la absolución (por parte del sacerdote: en alemán, *Absolution),* la inocencia no es objeto de declaración (el sacerdote no declara, falsamente, la inocencia: al contrario, presupone que no hay inocencia), sino de constitución.
- (v) Excomulgar a alguien no es comunicar su no-pertenencia a la comunidad de los fieles, sino que es adscripción o producción (*Herstellung*) de tal condición. En el acto de la excomunión, la no-pertenencia a la comunidad de los fieles no es objeto de *rhésis,* sino de *thésis*; no es objeto de **descripción**, sino de **adscripción**; no es objeto de **constatación** [*Feststellung*], sino de **constitución** [*Festsetzung*]; no es objeto de *Darstellung* [representación], sino de Herstellung [producción]. La excomunión no es **imperativa**, sino **operativa**.

[4] La absolución por parte del juez tras un proceso penal (en alemán: «*Freispruch*», en holandés: «*vrijspraak*») y la absolución por parte del sacerdote tras la confesión (en alemán: «*Absolution*», en holandés: «*abolutie*») tienen, en español, el mismo nombre. Pero, en realidad, «*Freispruch*» y «*Absolution*» son dos actos asimétricos, con presuposiciones antitéticas: A diferencia del «*Freispruch*», la «*Absolutio*» presupon la no inocencia. La inocencia es declarada en el «*Freispruch*», y constituida en la «Absolution».
A diferencia de la absolución *['Freispruch'],* la absolución por parte del sacerdote *['Absolution']* presupone la no inocencia y, théticamente, pone (restablece) la inocencia del penitente.

– (vi) Acusar (*accusare, beschuldigen, accuser, accuse*) no es afirmación (athética) de responsabilidad, sino adscripción (thética) de responsabilidad.
– (vii) Derogar una ley no es decir que es inválida, sino hacerla inválida.

4.3. A la **performatividad thética** se refiere Karl Olivecrona cuando habla de imperativos performativos. Por contra, la performatividad a la que se refiere Erwin Koschmieder en su teoría del **Koinzidenzfall** es la performatividad no thética, la **performatividad athética**.

La performatividad de Olivecrona es la performatividad thética de aquél que, con las palabras que dice (con sus *Worte),* altera el mundo.

La performatividad de Koschmieder, por contra, es la performatividad athética de aquél que, con las palabras que dice (con sus *Worte),* simplemente realiza (efectúa) actos.

En referencia a la distinción de Aristóteles entre dos especies de acción: *práxis* y *poíesis,* la performatividad *athética* podría llamarse performatividad de *práxis;* la performatividad *thética* podría llamarse performatividad de *poíesis.*

5. PERFORMATIVIDAD THETICA EN DEONTICA

¿Cuáles son las relaciones entre performatividad y normatividad? Sobre las relaciones entre performatividad y normatividad existen (en deóntica y en filosofía del lenguaje normativo) dos doctrinas diametralmente opuestas: la **primera** afirma la primacía de lo deóntico, y considera lo performativo como una especie de lo deóntico; por contra, la **segunda** doctrina reconoce la especifidad de la performatividad thética, e incluso contrapone explícitamente la deonticidad a la theticidad.

La primera es la teoría del sueco Karl Olivecrona; la segunda es la teoría del alemán Herbert Spiegelberg.

5.1. Desconocimiento de la theticidad en Karl Olivecrona

La teoría de la normatividad de los performativos (o mejor: de un subconjunto de performativos, en concreto de los performativos théticos) es mantenida por el sueco Karl Olivecrona. La enunciación de un enunciado como 'Fiat lux' (enunciación que es **operativa**, thética, y no **imperativa**, deóntica) es, para Olivecrona, imperativa: 'Fiat lux' es un imperativo anómalo, un imperativo adeóntico que él llama (con un **oxymoron**) imperativo performativo. (A la **adeonticidad** de los imperativos performativos Olivecrona contrapone la **deonticidad** de los imperativos que él llama «imperativos de acción».)

El nombre sueco de los (*adeónticos*) «imperativos performativos» es «*performativa imperativer*» (una variante de este nombre es *performatoriska imperativer*); el nombre sueco de los (*deónticos*) «imperativos de acción» es *handlingsimperativer.*

5.2. Reconocimiento de la theticidad en Herbert Spiegelberg

Karl Olivecrona desconoce la específica theticidad de los performativos théticos, considerándolos un subconjunto de los imperativos.

La especifidad de los performativos théticos es, por contra, reconocida por el filósofo alemán Herbert Spiegelberg (1904-1990). La contribución de Spiegelberg a la teoría de la performatividad es analizada en un recientísimo estudio de Paolo di Lucia.

Las aportaciones de Spiegelberg a la teoría de la performatividad son al menos tres. Estas tres aportaciones conciernen a la posible función (valencia) thética de tres formas lingüísticas, cuya función (valencia) primaria es deóntica:

– (i) el imperativo futuro latino,
– (ii) el subjuntivo latino,
– (iii) el verbo modal alemán *sollen.*

5.2.1. El imperativo futuro latino.

El **imperativo futuro** latino puede tener no sólo valor deóntico (por ejemplo: 'Estote parati', 'Estad preparados'), sino también valor thético (por ejemplo: 'Ita ius esto', 'Sacer esto', 'Dis sacer esto', en las *Doce Tablas;* 'Heres esto' en los testamentos).

5.2.2. El subjuntivo latino.

El subjuntivo latino puede tener tanto valor deóntico o exhortatorio (*coniunctivus cohortativus:* por ejemplo, 'Gaudeamus igitur', 'Alterius non sit qui suus esse potest', 'Moriamur pro rege nostro Maria Theresia'), como valor thético (*coniunctivus constitutivus:* por ejemplo, 'Anathema sit', 'Fiat lux').

5.2.3. El verbo modal alemán *sollen*.

El verbo modal alemán *sollen* (el verbo deóntico por antonomasia; es más, el verbo de la deonticidad, que aparece en términos como *Sollnorm, Sollsatz, Sollsatzlogik, Sollgeltung, Sollensgeltung*...) puede tener no sólo valor deóntico, sino también valor thético. Por ejemplo, *sollen* tiene valor thético (expresa un *Festsetzungssollen*, el *Sollen* de una *Festsetzung*) en el enunciado:

– Buchstabe 'S' solí das Satzsubjekt bedeuten.

– En efecto, este enunciado no se traduce al español como:

~ La letra 'S' debe designar el sujeto del enunciado sino como (prescindiendo de *solí*):

La letra 'S' designa el sujeto del enunciado.

– La forma verbal 'solí' (escribe Spiegelberg) tiene aquí una función thética: tiene

~ «die Funktion, einen noch gar nicht bestehenden Sachverhalt [...] aufzusetzen»

~ «la función de constituir o instituir [*aufsetzen*] un estado de cosas [*Sachverhalt*] no preexistente (no existente todavía)».

Traducción castellana de Carlos Alarcón Cabrera

BIBLIOGRAFÍA

ALARCÓN CABRERA, Carlos, *Normas y paradojas.* Madrid, Tecnos, 1993.

ALARCÓN CABRERA, Carlos, *Validez pragmática. Una discusión con A. G. Conte.* En: «Rivista Internazionale di Filosofía del Diritto», 70 (1993), pp. 341-354.

AMSELEK, PAUL (ED.), *Théorie des actes de langage, éthique et droit.* Paris, Presses Universitaires de France, 1986.

AUSTIN, JOHN LANGSHAW, *How to Do Things with Words.* London, Oxford University Press, 1962.

AZZONI, GIAMPAOLO M., *Il concetto di condizione nella tipologia delle regole.* Padova, CEDAM, 1988.

CARCATERRA, GAETANO, *La forza costitutiva delle norme,* Roma, Bulzoni, 1979.

CARCATERRA, GAETANO, *Le norme costitutive.* Milano, Giuffrè, 1974.

CONTE, AMEDEO G., *Aspekte der Semantik der deontischen Sprache.* En: Conte, Amedeo G. / Hilpinen, Risto / Wright, Georg Henrik von (eds.), *Deontische Logik und Semantik.* Wiesbaden, Athenaion, 1977, pp. 59-73.

CONTE, AMEDEO G, *Aspetti della semantica del linguaggio deontico.* En: di Bernardo, Giuliano (ed.), *Logica deontica e semantica.* Bologna, Il Mulino, 1977, pp. 147-165.

CONTE, AMEDEO G., *Filosofia del linguaggio normativo I.* Torino, Giappichelli, 1989.

CONTE, AMEDEO G., *Minima deontica.* En: «Rivista Internazionale di Filosofia del Diritto», 65 (1988), pp. 427-475.

CONTE, AMEDEO G, *Regola costitutiva, condizione, antinomia.* En: Scarpelli, Uberto (ed.), *Studi in onore di Norberto Bobbio.* Milano, Comunità, 1983, pp. 21-39.

CONTE, MARIA-ELISABETH, *Délocutivité, performativité, contreperformativité.* En: Serbat, Guy (ed.), *E. Benveniste aujourd'hui.* Tome I. Paris, Société pour l'Information grammaticale, 1984, pp. 65-76.

CONTE, MARIA-ELISABETH, *La pragmatica linguistica.* En: Segre, Cesare (ed.), *Intorno alla linguistica.* Milano, Feltrinelli, 1983, pp. 94-128.

CONTE, MARIA-ELISABETH, *Semiotica dell'enunciazione.* En: «Paradigmi», 5 (1987), pp. 49-63.

DI LUCIA, PAOLO, *L'universale della promessa* [Di prossima edizione.]

DI LUCIA, PAOLO, *L'atto della promessa.* En: Galli, Giuseppe (ed.), *Interpretazione e promessa.* Genova, Marietti. [In corso di stampa.]

DIESSELHORST, MALTE, *Die Lehre des Hugo Grotius vom Versprechen.* Köln/Graz, Böhlau, 1959.

GARDIES, JEAN-LOUIS, *L'erreur de Hume.* Paris, Presses Universitaires de France, 1987.

KOSCHMIEDER, ERWIN, *Zeitbezug und Sprache.* Leipzig-Berlin, Meiner, 1929.

KOSCHMIEDER, ERWIN, *Zur Bestimmung der Funktionen grammatischer Kategorien.* En: «Abhandlungen der Bayerischen

Akademie der Wissenschaften. Philosophisch-historische AbteiJnnff», neue Folge, 1945.

LESSIUS, LEONHARDUS [LENAERT LEYS], *De justitia et de jure caeterisque virtutibus cardinalibus libri quattuor*. Antverpiae, 1609.

MORPURGO-TAGLIABUE, GUIDO, *Asserzioni e valutazioni*. En: «Giornale critico della filosofia italiana», 41 (1962), pp. 437-462.

MORPURGO-TAGLIABUE, GUIDO, *Un'eredità di J. L. Austin: i performativi*. En: «Lingua e stile», 15 (1980), pp. 65-93.

NOWAK, LESZEK, *Performatywy a jezyk prawny i etyczny*. En: «Etyka», 3 (1968), pp. 147-158.

OLIVECRONA, KARL, *Election and Creation*. En: *Studi in onore di Emilio Betti*. Vol. I. Milano, Giuffrè, 1962, pp. 383-388.

OLIVECRONA, KARL, *Legal Language* and *Reality*. En: Newman, Ralph A. (ed.), *Essays in Jurisprudence in Honor of Roscoe Pound*. New York, Bobbs-Merrill, 1962, pp. 151-191.

OPALEK, KAZIMIERZ, *«Doing Things with Words» and the Law*. En: «Anuario de Filosofia del Derecho», 17 (1973-1974), pp. 233-243.

REINACH, ADOLF, *Die apriorischen Grundlagen des bürgerlichen Rechtes*. En: «Jahrbuch für Philosophie und phänomenologische Forschung», 1 (1913), pp. 685-847.

ROSS, ALF, *The Rise and Fall of the Doctrine of Performatives*. En: Olson, Raymond E./Paul, Anthony M. (eds.), *Contemporary Philosophy in Scandinavia*. Baltimore, Johns Hopkins University Press, 1972, pp. 197-212.

ROSSETTI, ANDREA, *Performativi in Jean-Louis Gardies: verità, verificabilità, verofunzionalità*. En: «Rivista Internazionale di Filosofia del Diritto», 71 (1994).

SAVOINI, GIAN PIETRO, *Performatività e validità in Alf Ross*. En: «Materiali per una storia della cultura giuridica», 12 (1982), pp. 343-407.

SEARLE, JOHN R., *Speech Acts*. London, Oxford University Press, 1969.

SPIEGELBERG, HERBERT, *Gesetz und Sittengesetz*. Zürich, Niehans, 1935.

SPEIGELBERG, HERBERT, *Sollen und Dürfen*. Dordrecht, Reidel, 1989.

SZTYKGOLD, JERZY, *Negacja normy*. En: «Przeglad filozoficzny», 39 (1936), pp. 492-494. Traducción italiana de Jerzy Wróblewski y Amedeo G. Conte: *Negazione di norme*. En: «Rivista Internazionale di Filosofia del Diritto», 69 (1992), pp. 241-245.

ZAGAR, IGOR Z., *Zagatnost performativnosti ali kako obljubiti*. Ljubljana, Drzavna zalozba Slovenije, 1989.

REFORMA CONSTITUCIONAL Y NORMA FUNDAMENTAL

CARLOS ALARCÓN CABRERA

1. LA PARADOJA DE LA REFORMA CONSTITUCIONAL

El artículo 167 de la Constitución española establece que los proyectos de reforma constitucional «deberán ser aprobados por una mayoría de tres quintos de cada una de las Cámaras» (apartado 1), o bien por mayoría absoluta en el Senado y de dos tercios en el Congreso (apartado 2), debiendo ser ratificados mediante referéndum si así se solicita por una décima parte de los miembros de cualquiera de las Cámaras (apartado 3). Este procedimiento es vinculante para la reforma constitucional que no afecte al **Título preliminar**, a la Sección primera del Capítulo segundo del **Título I**, o al **Título II**. En estos últimos supuestos se aplica el art. 168.

Así pues, el art. 167, que pertenece al **Título X** de la Constitución, se debe reformar cumpliendo las condiciones que el propio art. 167 establece. De acuerdo con la **teoría de los tipos**, el art. 167 carece de significado porque atribuye un predicado a una expresión construida en un determinado lenguaje a través de otra expresión construida en el mismo lenguaje, y no en un lenguaje de orden superior, en un metalenguaje. Se presupone así equivocadamente, como ya resaltara Alf Ross, que una sucesión de objetos puede contener miembros sólo definibles mediante la sucesión en su conjunto. De hecho, el art. 167 se podría intentar expresar del siguiente modo:

- «El art. 10 de la presente Constitución (que establece que...) deberá reformarse a través del procedimiento **P**.
- El art. 11 de la presente Constitución (que establece que...) deberá reformarse a través del procedimiento **P**.

El art. 167 de la presente Constitución (que establece que el art. 10 de la Constitución (que establece que...) deberá reformarse a través del procedimiento **P**; que establece que el art. II...)...»[1].

El art. 167 no podría nunca terminar de formularse (no podría usarse, no podría expresarse lingüísticametttéT porque cada vez que se citara (cada vez que se mencionara, cada vez que se expresara metalingüísticamente) debería iniciarse la serie.

Supóngase que los legisladores pretenden sustituir el art. 167 por el art. 167': «Los proyectos de reforma constitucional deberán ser aprobados por la mayoría simple del Congreso». Para aprobar este proyecto, deberían cumplir los requisitos establecidos en el art. 167. La validez del art. 167 resulta así ser, paradójicamente, condición necesaria de su propia invalidez.

2. LA REGLA DE REFORMA CONSTITUCIONAL COMO NORMA FUNDAMENTAL

La situación se complica aún más si hacemos caso a quienes (remontándose a Ross[2]) sugieren que la norma de un ordenamiento

---

1 Cfr. Alf Ross, *On Self-Reference and a Puzzle in Constitutional Law,* pp. 7 ss. Dicho de otro modo, el art. 167 se podría subdividir en tantos apartados como artículos tiene la Constitución (excluyendo los citados en el art. 168):
Art. 167:
A) El art. 10 de la presente Constitución deberá reformarse a través del presente procedimiento: mayoría de tres quintos de cada una de las dos Cámaras, o bien
B) El art. 11 de la presente Constitución deberá reformarse a través del presente procedimiento:
X) El presente artículo deberá reformarse a través del presente procedimiento:
El apartado X) del art. 167 es manifiestamente autorreferente.

2 En *On Self-Reference and a Puzzle in Constitutional Law,* Ross se centra en el art. 88 de la Constitución danesa de 1953, que, como el art. 167 de la Constitución española, regula la reforma constitucional. El art. 88 de la C. D., recalca Ross, es el **único medio jurídico** para reformar cualquier precepto constitucional, incluido el propio art. 88, que en tal supuesto se convertiría en otra norma, en el art. 88. Ello se traduciría en una inferencia lógica en la que la conclusión («una nueva norma constitucional sólo es válida si cumple los requisitos establecidos en el art. 88») contradiría la premisa mayor (''una nueva norma constitucional sólo es válida si cumple los requisitos establecidos en el art. 88'»). Por consiguiente, el art. 88 carece de significado por ser autorreferente, y no puede modificarse **jurídicamente** sin incurrir en contradicción lógica. Resulta entonces irrelevante que la sustitución del art. 88 por el art. 88' se lleve a cabo siguiendo o no los requisitos que el propio precepto establece, ya que en cualquiera de los casos se incumple; lo único relevante será que, **de hecho**, los preceptos constitucionales continúen reformándose según lo establecido en el art. 88, o comiencen a reformarse según lo establecido en el art. 88.

que regula la reforma constitucional es, al menos en cierto sentido, su norma fundamental.[3]

Por ejemplo, Guastini ha llegado a decir que el art. 138 de la Constitución italiana (que, como el art. 167 de la Constitución española, regula la reforma constitucional), aunque «empíricamente» es parte material de la Constitución, «lógicamente» se sitúa «a un nivel metalingüístico y supraconstitucional», por lo que no se puede reformar a sí mismo. El art. 138, dice Guastini, «es la norma constitutiva del juego llamado **ordenamiento jurídico italiano**». Por más que nos digan los juristas, la modificación de esta norma, ocurriera como ocurriera (incluso en la forma que la propia norma prescribe), fundaría un **juego** distinto.[4]

La tesis de Guastini parece abarcar dos subtesis: (i) la norma que regula la reforma constitucional es la **norma fundamental** del ordenamiento jurídico; (ii) la norma que regula la reforma constitucional es **constitutiva** de la realidad jurídica. De estas dos subtesis se puede deducir una tercera: (iii) la **norma fundamental** es **constitutiva** de la realidad jurídica.

Y además, al plantear esta situación paradójica, Ross parece considerar al art. 88 como la norma fundamental del ordenamiento jurídico danés, como la cúspide de la pirámide normativa danesa: «las normas jurídicas se crean a través de actos de promulgación que cumplen las condiciones, personales y procedimentales, establecidas por normas de competencia.... Las normas de competencia se crean a través de actos de promulgación que cumplen las condiciones establecidas por normas de competencia de orden superior» (normas constitucionales de competencia). Y, finalmente, las normas constitucionales se crean a través de actos de promulgación que cumplen las condiciones establecidas por la norma que regula la reforma constitucional, la cual determina el proceso supremo de producción jurídica y **constituye** la autoridad suprema del ordenamiento, por lo que se debe considerar su norma fundamental (Alf Ross, *On Self-Reference and a Puzzle in Constitutional Law*, pp. 1 ss.).

3 La situación se complica aún más porque se mezcla con la **paradoja dé la norma fundamental** y con la **aporía de la norma fundamental**. Conforme a la **paradoja** de la norma fundamental, la norma fundamental, al establecer que toda norma debe fundar su validez en una norma superior, establece su propia invalidez, ya que no existe ninguna norma superior a la norma fundamental. Conforme a la **aporía** de la norma fundamental, una teoría de la validez basada en que toda norma debe fundar su validez en una norma superior no tiene sentido si la norma suprema no tiene ningún fundamento de validez, lo que sucesivamente provoca la invalidez de todas las normas del ordenamiento (cfr. Amadeo G. Conte, *Ricerca d'un paradosso deóntico*, pp. 501-502.

4 Riccardo Guastini. *Problemi d 'analisi del. lingnaggin* normativo, pp. 61 ss.

La idea de que la norma fundamental es constitutiva de la realidad jurídica procede de Kelsen. En particular, es una idea claramente expresada por Kelsen en obras como *Das Problem der Souveränität und die Theorie des Völkerrechts* (1920), *Reine Rechtslehre* (1ª ed., 1934) y *Reine Rechtslehre* (2ª ed., 1960).

En *Das Problem der Souveränität und die Theorie des Völkerrechts*, Kelsen considera la norma fundamental como idea **gnoseológicamente** originaria o hipotética que **constituye**, produce, su específico objeto de conocimiento. Es el presupuesto jurídico fundamental del que se deduce todo el ordenamiento jurídico positivo: «Este presupuesto jurídico, este punto de partida, esta norma originaria que llamo constitución en sentido lógico-jurídico -en cuanto que determina los órganos supremos del Estado, las fuentes jurídicas supremas- desarrolla plenamente la función de hipótesis fundamental». Y ello no significa que todas las normas jurídicas vienen presupuestas materialmente, ya que la norma originaria hipotética es sólo una suprema regla de producción: «El deber jurídico se llena gradualmente de contenido mediante el hecho empírico de las deliberaciones legislativas n las órdenes del monarca, mediante los actos judiciales, mediante las decisiones u ordenanzas de las autoridades administrativas. El contenido de un ser se convierte así en contenido de un deber ser». La norma fundamental no es puesta ni creada consuetudinariamente, sino que ella misma «**constituye** el presupuesto de la normatividad y la costumbre como fuentes del derecho».[5]

En la edición de 1934 de la *Reine Rechtslehre,* Kelsen insiste en que una pluralidad de normas **constituye** una unidad, un sistema o un orden cuando su validez se basa, en última instancia, en una única norma. Esta norma fundamental «es la fuente común de validez de todas las normas pertenecientes a un mismo orden y constituye su unidad». Sólo la hipótesis de una norma fundamental permite conferir un sentido jurídico a los materiales empíricos, ya que la norma fundamental no es **puesta**, sino **supuesta**. Todos los juicios que atribuyen un carácter jurídico a una relación entre individuos sólo son posibles «con la condición general de suponer la validez de una norma fundamental».[6]

---

[5] Hans Kelsen, *Das Problem der Souveränität und die Theorie des Völkerrechts*, pp. 91 ss. y nota 8 del Cap. IV.

[6] Hans Kelsen, *Reine Rechtslehre,* 1ª ed., pp. 135 ss.

En la edición de 1960 de la *Reine Rechtslehre,* Kelsen precisa que sólo **presuponiendo** la norma fundamental es posible interpretar «el sentido subjetivo del acto constituyente y de los actos estatuidos conforme a la constitución en sentido objetivo», es decir, como norma jurídica objetivamente válida, de cuya interpretación la propia norma fundamental es **condición lógico-trascendental**.[7]

3. UNA PROPUESTA DE SOLUCIÓN

Como forma de combatir la autorreferencia del art. 167, propongo la inclusión en la Constitución de una **Disposición final**, que explicitaría lo siguiente:

«Los requisitos establecidos en el art. 167 para la reforma constitucional tendrán validez hasta que, conforme a ellos mismos, sean modificados por otros requisitos, y así sucesivamente».

Esta disposición final no se debería poder reformar a través de medios **jurídicos**, sino, en todo caso, **fácticos**. Podría considerarse una reformulación explícita y actualizada de la norma fundamental, que conferiría al art. 167 una validez **condicional**. No transferiría la competencia de constituir la autoridad suprema del ordenamiento jurídico al artículo 167, sino que, como dijera Ross, **delegaría** tal competencia sin perderla. El art. 167 ya no sería **autorreferente**, sino que se **referiría** a esta disposición final, y por lo tanto no carecería de significado porque atribuiría un predicado a una expresión lingüística a través de otra expresión que sería metalingüística respecto de ella.

Guastini consideró la norma sobre la reforma constitucional (el art. 138 de la C. Ital., el art. 167 de la C. Esp.) como **constitutiva** del ordenamiento jurídico, pero una regla constitutiva es **condición ontológica** de la praxis que regula[8]; no puede ser posterior a dicha praxis ni inferirse de ella. Cuando el art. 167 se aplica a sí mismo,

---

[7] Hans Kelsen, *Reine Rechtslehre,* 2ª ed., pp. 204 ss.

[8] Conté ha definido las reglas constitutivas como **prius** de la realidad que regulan, como su condición **eidética** de concebibilidad, su condición **alética** de posibilidad y su condición **noética** de perceptibilidad; es decir, las reglas constitutivas no regulan actos, situaciones o entidades cronológicamente preexistentes ni ontológicamente independientes, sino que en sí mismas **constituyen** la praxis que regulan. Junto a esta definición en términos **ontológicos**, también ha propuesto una definición en términos semióticos de las reglas constitutivas: las reglas constitutivas «determinan la **connotación** o **intensión** de los términos que designan la praxis que regulan» (Amedeo G. Conte, *Materiali per una tipología delle rególe,* 1985).

no cambia el contenido de la norma, sino que cambia la propia norma, que es sustituida por otra, por lo que no es una norma constitutiva de la realidad jurídica.[9]

Junto a las restantes normas del ordenamiento jurídico español, el art. 167 forma un sistema normativo en tanto que tiene un único y mismo fundamento de validez, pero el criterio de validez no es en sí mismo una norma jurídica, sino metajurídica, una **norma fundamental** que no es válida ni inválida, sino que **define** la validez[10].

BIBLIOGRAFÍA

ALARCÓN CABRERA, CARLOS, *El puzzle constitucional de Ross en el marco teórico de las reglas constitutivas.* «Doxa», 13 (1993), pp. 215-234.

ALARCÓN CABRERA, CARLOS, *Constitutive Constitutional Reform.* «Ratio Juris», 9 (1996), pp. 85-93.

Desde este punto de vista semiótico, el art. 167 no es una regla **constitutiva** porque no determina la **connotación** de los términos que designan la praxis de la reforma constitucional, sino que, presuponiendo tal connotación, determina la **denotación** (la **extensión**) de dichos términos.

9 Como ha destacado Conte, el contenido específico de una regla constituya se puede alterar a través del cumplimiento de la propia regla, pero las reglas constitutivas en sí mismas (a diferencia de las reglas **regulativas**) no se pueden alterar por su propio cumplimiento. El contenido específico de la regla constitutiva «añadir un número al último número de la serie S vale como continuación de S si el número añadido es más alto que todos los demás incluidos en S» se altera cada vez que se realiza una acción siguiendo la regla. Su contenido se altera, pero la egla continúa siendo la misma (cfr. Amedeo G. Conte, *Parerga leibnitiana,* pp. 241-244).

10 Utilizando el símil de Hart, la norma fundamental es como la barra de platino de un determinado museo que define lo que es el metro, que sirve para medir las longitudes en metros, pero que en sí misma no se puede medir en metros porque no **tiene** la longitud de un metro, sino que *es* la longitud de un metro. Si al calentarse o enfriarse se alargara o se estrechara, seguiría siendo un metro: «sólo necesitamos la palabra 'validez', y así la usamos normalmente, para resolver cuestiones que surgen **dentro** de un sistema de reglas en el que el **status** de una regla como miembro de un sistema depende de la satisfacción de determinados criterios proporcionados por la regla de reconocimiento. Esta cuestión no puede surgir respecto a la validez de la propia regla de reconocimiento que proporciona los criterios: no puede ser ni válida ni inválida, sino que simplemente se acepta como apropiada para usarse de esta forma. Expresar este simple hecho diciendo de modo oscuro que su validez «se asume pero no se puede demostrar» es como decir que asumimos, pero no podemos demstrar, que la barra de París que fija lo que es un metro, que sirve de criterio para medir correctamente en metros toda longitud, es en sí misma correcta» (Herbert L.A. Hart, *The Concept of Law,* pp. 105-106; cfr. Amedeo G. Conte, *Studio per una teoria della validitá).*

AZZONI, GIAMPAOLO M., *Il concetto di condizione nella tipologia delle regole*. Padova, Cedam, 1988.

BULYGIN, EUGENIO, *Time and Validity*. En: Martino, Antonio A. (ed.), *Deontic Logic, Computional Linguistics and Legai Informatic Systems*. Amsterdam-New York-Oxford, North-Holland, 1982, pp. 65-81.

BULYGIN, EUGENIO, *La paradoja de la Reforma Constitucional*. En: Squella, Agustín / Vernengo, Roberto J. (eds.), *Estudios en Homenaje a Alf Ross*. Valparaíso, Universidad de Valparaíso, 1984, pp. 329-336.

CONTE, AMEDEO G., *Studio per una teoria della validità*. «Rivista internazionale di filosofia del diritto», 47 (1970), pp. 331-354.

CONTE, AMEDEO G., *Ricerca d'un paradosso deontico*. «Rivista internazionale di filosofia del diritto», 51 (1974), pp. 481-511.

CONTE, AMEDEO G., *Parerga leibnitiana*. En: Maretti, Enrico / Ciampi, Costantivo / Martino, Antonio Anseimo (eds.), *Logica, informatica, diritto*. I. Firenze, Le Monnier, 1978, pp. 217-255.

CONTE, AMEDEO G., *Materiali per una tipologia delle regole*. «Materiali per una storia della cultura giuridica», 15 (1985), pp. 345-368.

DE VEGA, PEDRO, *La reforma constitucional y la problemática del poder constituyente*. Madrid, Tecnos, 1985.

GARZÓN VALDÉS, ERNESTO, *Acerca de las limitaciones jurídicas del soberano*. En: Bulygin, Eugenio / Farrell, Martín D. / Nino, Carlos S. / Rabossi, Eugenio A. (eds.), *El lenguaje del Derecho. Homenaje a Genaro R. Carrió*. Buenos Aires, Abeledo-Perrot, 1983, pp. 157-180.

GUASTINI, RICCARDO, *Problemi d'aiialisi del linguaggio normativo*. En: Ross, Alf, *Critica del diritto e analisi del linguaggio*. Ed. a cargo de Alberto Febbrajo y Riccardo Guastini. Bologna, Il Mulino, 1982, pp. 47-69.

GUIBOURG, RICARDO, *La autorreferencia normativa y la continuidad constitucional*. En: Bulygin, Eugenio / Farrell, Martin D. / Nino, Carlos S. / Rabossi, Eugenio A., *El lenguaje del derecho. Homenaje a Genaro R. Carrió*. Buenos Aires, Abeledo-Perrot, 1983, pp. 181-195.

HART, HERBERT L. A., *The Concept of Law*. London, Oxford University Press, 1961.

HART, HERBERT L. A., *Self-Referring Laws*. En: Norbeck, Lars (ed.), *Festskrift tillàgnad Karl Olivecrona*. Stockholm, Norstedt, 1964, pp. 307-316. Reedición en: Hart, Herbert L. A., *Essays in Jurisprudence and Philosophy*. Oxford, Clarendon Press, 1983, pp. 170-178.

HOERSTER, NORBERT, *On Alf Ross's Alleged Puzzle in Constitutional Law*. «Mind», 81 (1972), pp. 422-426.

JORGENSEN, JORGEN, *Some Reflections on Reflexivity*. «Mind», 62 (1953), pp. 289-300.

KELSEN, HANS, *Das Problem der Souveränität und die Theorie des Völkerrechts*. Tubinga, Mohr, 1928.

KELSEN, HANS, *Reine Rechtslehre. Einleitung in die rechtswissenschaftlichte Problematik*. Wien, Deuticke, 1934.

MATHIEU, VITTORIO, *Sistemi logici e sistemi giuridici. Impossibilità di autofondazione formale*. «Rivista internazionale di filosofia del diritto», 47 (1970), pp. 481-511.

MORESO, JOSÉ J., *Disposiciones de reforma constitucional*. «Doxa», 10 (1991), pp. 201-222.

NINO, CARLOS S., *Ross y la Reforma del Procedimiento de Reforma Constitucional*. En: Squella, Agustín / Vernengo, Roberto J. (eds.), *Estudios en Homenaje a Alf Ross*. Valparaíso, Universidad de Valparaíso, 1984, pp. 347-364.

POPPER, KARL, *Self-Reference and Meaning*. «Mind», 6 (1954), pp. 162-169.

RAZ, JOSEPH, *Professor Alf Ross and Some Legal Puzzles*. «Mind», 81 (1972), pp. 415-421.

ROSS, ALF, On *Law and Justice*. London, Stevens, 1958.

ROSS, ALF, *On Self-Reference and a Puzzle in Constitutional Law*. «Mind», 78 (1969), pp. 1-24.

TAMMELO, ILMAR / HINTIKKA, JAAKKO, *The Antinomy of Parliamentary Sovereignity*. «Archiv fur Rechtsund Sozialphilosophie», 44 (1958), pp. 495-513.

IMPERATIVOS Y LÓGICA

JORGEN JORGENSEN

NOTA INTRODUCTORIA

CARLOS ALARCÓN CABRERA

NOTA INTRODUCTORIA

1. EL DILEMA DE JORGENSEN

1.1. En *Imperativer og Logik*[1] (1938), Jorgen Jorgensen (1894-1969) presenta un dilema (que se conocerá como el «dilema de Jorgensen» desde que Alf Ross, tres años después, le diera tal nombre)[2] combinando dos tesis, la tesis **metalógica** según la cual la lógica sólo relaciona entidades de las que se predica la verdad o la falsedad, y la tesis **semántica** según la cual las normas (los **imperativer,** dice Jorgensen) no son ni verdaderas ni falsas. De estas dos tesis deduce la conclusión contraintuitiva de que las normas no pueden relacionarse lógicamente.[3]

Lo que Jorgensen pretendía destacar no era el error de derivar un **deber ser** desde un **ser,** sino el error de derivar un **deber ser** desde otro **deber ser.**

1.2. En *Imperatives and Logic* (1941), Ross comienza criticando la «lógica de la voluntad» **(Logik des Willens)** de Ernst Mally, que éste pretendía desarrollar como lógica paralela a la «lógica del pensamiento» (*Logik des Denkens*). Similarmente a cómo la lógica clásica

---

1 Jorgen Jorgensen, **Imperativer og Logik.** «Theoria», 4 (1938), pp. 183-190.
2 All Ross, *Imperatives and Logic.* «Theria», 4 (1938), pp. 53-71.
3 Cfr. Amadeo G. Conge, *Filosofía de la validez deóntica: una ecuación de tres incógnitas.* Traducción castellana dé Carlos Alárcón Cabrera y Fernando H. Llano Alonso. «Theoria» (San Sebastián), 24 (1995), pp. 17-43.

se basa en «leyes esenciales» del pensamiento, la lógica de la voluntad, la «deóntica» (la *Deontik,* no como «otra lógica», sino como algo distinto, aunque paralelo, a la lógica) se debería basar en las «leyes esenciales» de la voluntad.[4]

Ross critica la «deóntica» de Mally por terminar desembocando en la formulación de una ética formal, y, tras rechazar también la «lógica de las costumbres» (*Logik der Sitien*) de Karl Menger, aclara que su intención es discutir la cuestión de si «un imperativo puede ser parte constitutiva (ser una premisa o ser la conclusión) de una inferencia lógica», cuestión que reformula utilizando el razonamiento dilemático de Jorgensen.[5]

1.3. Y, en efecto, Jorgensen había estudiado en *Imperatives and Logic*[6] (1938) y en *Imperativer og Logik* (1938) cómo las normas (los imperativos), al no ser entidades apofánticas (al no poder predicarse de ellas la verdad o la falsedad), no podían relacionarse lógicamente. Ross cita ambos ensayos de Jorgensen (homónimos y simultáneos) conjuntamente, sin diferenciarlos, y quizás esto ha sido lo que ha llevado a suponer de forma generalizada que bastaba acudir al ensayo en inglés (*Imperatives and Logic*) para conocer las tesis de Jorgensen, puesto que este ensayo «debería ser» la traducción inglesa del ensayo en danés *Imperativer og Logik.* Sin embargo, *Imperatives and Logic* y *Imperativer og Logik* son ensayos diferentes, y el contenido de éste último sólo ha sido conocido por quienes tienen acceso a la lengua danesa.

2. LÓGICAS ALTERNATIVAS PARA LAS NORMAS

2.1. La alternativa que Jorgensen propone en *Imperativer og Logik* para salvar el dilema consiste en construir una «lógica de las descripciones de mandatos» basada en la distinción dentro de los imperativos de dos factores:

- (i) un factor estrictamente imperativo (el «néustico» de Richard M. Haré)[7], representado por los términos que expresan la obligación o la prohibición.

---

[4] Alf Ross, *Imperatives and Logic,* cit.
[5] Ibid.
[6] Jorgen Jorgensen, *Imperatives and Logic.* «Erkenntnis», 7 (1937-1938), pp. 288-296.
[7] Richard M. Haré, The Language of Moráis. London, University Press, 1952.

– (ii) un factor indicativo (el «frástico» de Haré), que describe la acción obligatoria o prohibida, que es apofàntico, y que se puede aislar del factor estrictamente imperativo y combinar con los factores indicativos de otros imperativos para formar inferencias lógicas.

2.2. La lógica de las descripciones de mandatos puede reformularse como «lógica de la satisfacción», como lógica de las aserciones sobre la satisfacción o cumplimiento de las normas.[8]

Por ejemplo, si el enunciado **deóntico** «Está prohibido fumar en todos los centros públicos» se convierte en el enunciado **adeóntico** «La norma exige de todos el comportamiento que se puede describir así: No se fuma en los centros públicos», o, simplificadamente, en el enunciado **adeóntico** «No se fuma en los centros públicos», entonces, si es el caso que las aulas universitarias son centros públicos, podemos inferir el enunciado **adeóntico** «No se fuma en las aulas universitarias», que resulta de la trasposición en términos adeónticos del enunciado **deóntico** «Está prohibido fumar en las aulas universitarias».

2.3. No obstante, tanto la «lógica de las descripciones de mandatos» como la «lógica de la satisfacción» eran inservibles para deducir **normas** (enunciados **deónticos)** de otras **normas;** se limitaban a posibilitar la deducción de **descripciones** sobre el cumplimiento de normas (enunciados **adeónticos)** de otras **descripciones** sobre el cumplimiento de normas.

2.3.1. El rechazo de la lógica de las descripciones de mandatos y de la lógica de la satisfacción como alternativas para solucionar el dilema de Jorgensen condujo a Ross hacia una «lógica de la validez», basada en no aceptar la tesis **metalógica** en la que el dilema se apoyaba (la tesis según la cual la lógica sólo relaciona entidades apofánticas, entidades de las que se predica la verdad o la falsedad).

---

[8] La posibilidad de reconstruir una lógica de las aserciones sobre la satisfacción de normas en base a una lógica de descripciones de normas no presupone la identidad de ambas. Como apunta Lorenzo Peña, las reglas de la «lógica del cumplimiento de las normas» (en sus propias palabras, «la lógica de los estados de cosas en que consiste el cumplimiento o incumplimiento de las normas») no son las mismas que las reglas de la «lógica del contenido de las normas». No analizaré aquí las importantes consecuencias metaéticas de esta distinción.

Validez e invalidez podrían así sustituir a la verdad y la falsedad como valores lógicos para las normas. Validez e invalidez que no pueden ser, para Ross, objetivas, ya que haría falta entonces constatar la existencia de un procedimiento de verificación de la norma, algo imposible si no queremos volver a acudir indirectamente al valor de la verdad a través de una ética normativa científica impregnada de metafísica moral y religiosa.[9]

En sentido (no objetivo, sino) subjetivo, señala Ross en *Imperatives and Logic,* un enunciado deóntico es válido «si está presente en una persona un estado psicológico que lo determina». Parece entonces que la validez es definida ambiguamente como un concepto supuestamente semántico, correspondiente a cada situación normativa, que queda determinado por el estado psicológico o voluntad del **imperante;** pero, justamente por ello, Ross concluye paradójicamente que las inferencias normativas de la lógica de la validez son «pseudológicas» porque presuponen «la autocoherencia de la voluntad del **imperante**».[10]

2.3.2. Veintisiete años después, en *Directives and Norms,* Ross afirma que «validez» no es un concepto **psicológico,** sino **metodológico,** que expresa el modo en que una norma es **puesta,** análogamente a cómo una descripción es **puesta** como verdadera en el lenguaje descriptivo. Así como las reglas de la lógica ordinaria no dependen de la capacidad psicológica de los hombres para aceptar como verdaderas proposiciones contradictorias, sino que son **condiciones** que deben cumplirse para poder describir el mundo distinguiendo lo verdadero de lo falso, las reglas de la lógica normativa son también **condiciones** de regulación del comportamiento humano a través del lenguaje prescriptivo, al margen de consideraciones psicológicas.[11]

3. AMBIGÜEDAD DEÓNTICA VS. AMBIVALENCIA DEÓNTICA

3.1. En *Recht und Logik* (1965), Hans Kelsen afirma que la lógica rige en las ciencias naturales y en la ciencia jurídica, aunque no en

---

9 Alf Ross, Imperatives and Logic, cit.

10 Ibid.

11 All Koss, *Directives and Norms.* London, Routledge & Kegan Paul, 1968. (Traducción castellana de José Hierro Sánchez-Pescador: *Lógica de las normas.* Madrid, Tecnos, 1971).

sus respectivos objetos, la realidad natural y la norma jurídica. Pero la semejanza se rompe en tanto que la norma jurídica (a diferencia de la realidad natural) se puede plasmar en enunciados «que expresan ideas abstractas y son susceptibles de ordenación lógica».[12]

Para Kelsen, la confusión entre la (imposible) lógica de las normas y la (posible) lógica de las «proposiciones normativas» (**Sollsátze**) se debía a la frecuente coincidencia entre la formulación lingüística de la norma y la formulación lingüística de la «proposición normativa». Parecía repetir así la tesis de Jorgensen de la ambigüedad (semántica) de los «enunciados en términos de 'deber'», susceptibles de interpretación descriptiva **(deóntica)** o prescriptiva **(adeóntica).**

3.2. Pero la ambigüedad de la que hablaba Jorgensen no es una ambigüedad semántica. No es que un enunciado en términos de 'deber' interpretado descriptivamente tenga que significar algo distinto a lo que significa interpretado prescriptivamente. No se trata de una ambigüedad semántica, sino, como ha resaltado Amedeo G. Conte, de una ambivalencia pragmática, la ambivalencia pragmática del acto de enunciación (**utterance**) del enunciado **(sentence)** deóntico, que se puede enunciar describiendo **(adeónticamente)** o prescribiendo **(deónticamente)**.[13]

Por consiguiente, un enunciado deóntico es pragmáticamente ambivalente porque puede enunciarse **deónticamente** (cuando está prescribiendo) o puede (paradójicamente) enunciarse **adeónticamente** (cuando está describiendo), como ocurre con los **Sollsatze** de Kelsen (y, análogamente, con los **oakta rattsatser** de Ingemar Hedenius[14]).

---

[12] Hans Kelsen, *Recht und Logik.* «Forum», 12 (1965), pp. 421-425 y 495-500. (Traducción castellana de Juan Carlos Gardella: *Derecho y lógica.* En: Hans Kelsen / Ulrich Klug, *Normas jurídicas y análisis lógico.* Estudio preliminar de Eugenio Bulygin. Madrid, Centro de Estudios Constitucionales, 1988, pp. 92-120). En sentido similar: Hans Kelsen, *Nochmals: Recht und Logik.* «Neues Forum», 14 (1967), pp. 39-40; Hans Kelsen, *Allgemeine Theorie der Normen.* Manz, Wien, 1979. Cfr. Carlos Alarcón Cabrera, *El último Kelsen ante el dilema de Jorgensen.* En: Alarcón Cabrera, Carlos, Normas y paradojas. Madrid, Tecnos, pp. 87-114.

[13] Amedeo G. Conte, *Deontica aristotelica.* «Rivista internazionale di filosofia del diritto», 69 (1992), pp. 178-252 (véanse pp. 227-234). Cfr. Amedeo G. Conte. *Aspelli della semantica del linguaggio deontico.* En: Giuliano di Bernardo, *Logica deontica e semantica.* Bologna, Il Mulino pp. 147-175.

[14] Hedenius, Ingemar, *Om rätt och moral.* Stockholm, Tidens fòrlag Stockholm, 1941.

La tesis de la ambivalencia pragmática de los actos de enunciación de enunciados deónticos (un enunciado deóntico se puede enunciar deónticamente o adeónticamente) no es equivalente a la tesis (ni tampoco la implica) de la ambigüedad semántica (según se enuncien por un legislador o por un sociólogo) de los enunciados adeónticos que siguen el modelo «La acción A se castiga con la sanción S».

Cuando el legislador dice «La acción A se castiga con la sanción S», este enunciado significa lo mismo que cuando lo dice el sociólogo. El enunciado significa lo mismo, no es semánticamente ambiguo, pero el legislador **hace** algo distinto cuando lo enuncia que lo que **hace** el sociólogo cuando también lo enuncia.

Cuando es el legislador quien habla, está **constituyendo** una **regla,** está asumiendo como **tesis** la **relación** entre A y B, está **prescribiendo** B para el caso de que ocurra A. Cuando es el sociólogo quien habla, está **constatando** una **regularidad** social, está analizando la **relación** entre la norma y la realidad social, está describiendo un estado de cosas no-normativo (un estado de cosas adeóntico).[15]

Los ensayos **Imperatives and Logic** y **Imperativer og Logik** exponen lo que tres años después de su publicación Ross llamaría el dilema de Jorgensen. Ambos tienen el mismo título (aunque el primero en inglés, el segundo en danés), el mismo autor (Jorgen Jorgensen) y el mismo año de edición (1938). Pero son ensayos diferentes.

Imperatives and Logic es de fácil acceso para el estudioso, ya que apareció publicado en inglés (en la revista «Erkentnnis», 7 (1938), pp. 288-296), pero no ocurre lo mismo con *Imperativer og Logik.* Ante la creencia, casi nunca desmentida, de que se trataba del mismo ensayo en diferentes idiomas, *Imperativer og Logik* no ha sido traducido del danés hasta ahora. La traducción española *Imperativos y lógica [Imperativer og Logik.* «Theoria», 4 (1938), pp. 183-190] es obra de Erling Strudsholm, Amedeo G. Conte y Carlos Alarcón Cabrera.

---

15 Amedeo G. Conte, *Deontica aristotelica,* cit., pp. 228-234.

IMPERATIVOS Y LÓGICA

1. EL MOTIVO DEL PRESENTE ENSAYO IMPERATIVOS Y LÓGICA"

1.0. Introducción

1.0.1. Al inicio de 1936, un grupo de editoriales nórdicas han anunciado un concurso para premiar la mejor respuesta a la siguiente pregunta: «¿Es hoy en día posible establecer una moral objetiva? De ser así, ¿sobre qué cosa puede fundarse una moral objetiva?».

Acaban de ser publicadas algunas de las respuestas recibidas, y en consecuencia el problema de la posibilidad de una moral «objetivamente» fundada vuelve a ser actual.

Aprovechando esta circunstancia, presento los siguientes comentarios, que (pienso) son en principio relevantes para una discusión fecunda sobre esta cuestión.

1.0.2. Mi punto de partida es una de las respuestas premiadas por el concurso al que me he referido: la respuesta de K. Grue-Sorensen. La respuesta de K. Grue-Sorensen se ha publicado (en sueco) en el libro *Var tids moralnihilism. Om môjligheten af en objektiv moral [El nihilismo ético de nuestro tiempo. Sobre la posibilidad de una moral objetiva]*. Stockholm, Natur och Kultur, 1937.

1.1. La tesis de Henri Poincaré

En el libro *El nihilismo ético de nuestro tiempo,* K. Grue-Sorensen discute (entre otras) la objeción previa de Henri Poincaré (Henri Poincaré, *Dernières pensées,* 1923) contra la posibilidad de una fundación científica de la moral.

Esta objeción es así formulada:

– Si las dos premisas de un silogismo son indicativas, entonces la conclusión

- Para que la conclusión sea imperativa, es necesario que sea imperativa alguna de las dos premisas.
- Pero los principios de la ciencia, los postulados de la geometría, pueden ser solamente indicativos, del mismo modo que las verdades experimentales tienen forma indicativa; y la base de las ciencias no es (y no puede ser) más que indicativa.
- Y el dialéctico más sutil puede jugar como un prestidigitador con estos principios, combinándolos y construyéndolos a placer: todo lo que obtendrá de ellos será indicativo.
- No llegará nunca a un enunciado imperativo de la forma 'Haz esto' o de la forma 'No hagas (omite) esto'; esto es, no llegará nunca a un enunciado que confirme o contradiga la moral.

1.2. La tesis de K. Grue-Sorensen

Contra esta objeción de Henri Poincaré (que niega la posibilidad de una fundación científica de la moral), K. Grue-Sorensen argumenta así:

- «De acuerdo con el planteamiento de Poincaré, se ve fácilmente qué condición debe ser satisfecha para que un enunciado imperativo pueda ser demostrado.
- Esta condición de satisfacibilidad de un enunciado **imperativo** coincide con la condición que debe ser satisfecha para que un enunciado **indicativo** sea demostrable: la presencia de al menos una premisa con la misma forma que la conclusión.
- El propio Poincaré lo dice claramente. Una demostración parte de determinados presupuestos, de determinadas premisas, y los primeros presupuestos, las primeras premisas, no son respecto a las tesis susceptibles de demostración.
- En ningún campo (ni en la matemática, ni en las ciencias, ni en jurisprudencia, ni en teología) una dsmostración es posible sin usa premisa valga sin una demostración.
- Si las premisas primeras son **indicativas** (por ejemplo, los axiomas de la matemática, o los hechos y los principios primeros de la física), entonces serán **indicativos** todos los enunciados derivados y será **indicativo** todo el edificio de la teoría.

– Si, por el contrario, las premisas primeras son (no indicativas, sino) **imperativas,** entonces pasará a ser **imperativo** todo el sistema de la teoría.

– Pero nada impide extraer conclusiones en **forma imperativa** con la misma precisión con laque se extraen conclusiones en **forma indicativa,** y es posible demostrar una exigencia moral del mismo modo que se demuestra un enunciado de las ciencias exactas».

2. LA TESIS DE LA IMPOSIBILIDAD DE QUE LOS IMPERATIVOS FORMEN PARTE DE INFERENCIAS LÓGICAS

2.1. Enunciación de la tesis

2.1.1. Opongo la siguiente objeción a la objeción hecha por Grue-Sorensen a Poincaré («nada impide extraer conclusiones en **forma imperativa** con la misma precisión con la que se extraen conclusiones en **forma indicativa**»):

De ningún modo es posible extraer conclusiones en forma imperativa: no es posible porque los imperativos no pueden entrar, ni como premisas ni como conclusión, en ninguna inferencia lógica (bien sea silogística, bien sea no silogística).

2.1.2. Mi tesis (imposibilidad de extraer conclusiones en forma imperativa) contradice tanto a Poincaré como a Grue-Sorensen. Probablemente, mi tesis contiene un rechazo previo de todo intento de fundación «objetiva» (por 'objetivo' entiendo **«lógicamente** accesible») de cualquier imperativo («moral» o no moral).

2.2. Fundación de la tesis

2.2.1. Apofanticidad como condición necesaria para que exista relación de consecuencia lógica (implicitación) entre enunciados.

2.2.1.1. De acuerdo con todos los libros de lógica, las inferencias lógicas son demostraciones o pruebas del hecho de que la conclusión en una inferencia tiene el mismo valor lógico de las premisas; y (si se prescinde de determinadas consideraciones de lógica modal y de determinadas teorías formales recientes conectadas con ellas) el valor lógico privilegiado es el valor «verdad» o «validez»; así pues, las inferencias son consideradas demostraciones o pruebas del hecho de que la conclusión es verdadera como las premisas.

La conclusión se sigue lógicamente de las premisas (o sea: es consecuencia lógica de las premisas) si, y sólo si, está excluido que las premisas puedan ser verdaderas y la conclusión falsa (en otros términos: si. y sólo si, está excluida la posibilidad de que las premisas sean verdaderas y la conclusión sea falsa).

2.2.1.2. Es en este sentido cómo consideraré las inferencias lógicas en lo que sigue a continuación en el presente ensayo Imperativer og Logik.

2.2.2. Anapofanticidad (no-apofanticidad) de los enunciados imperativos: consiguiente imposibilidad de que entre los (anapofánticos) enunciados imperativos medien relaciones de consecuencia lógica (implicitación).

2.2.2.1. Pero de lo anterior se sigue que es esencial para una inferencia lógica que sus premisas y su conclusión sean enunciados que puedan ser verdaderos o falsos (o sea, enunciados susceptibles de verdad o de falsedad).

Y esta condición necesaria de posibilidad de una inferencia lógica no es satisfecha por los enunciados imperativos. ^

Así pues, los enunciados imperativos no pueden aparecer en inferencias lógicas ni como premisas ni como conclusiones.

2.2.2.2. De la imposibilidad de que los enunciados imperativos sean o premisas o conclusiones de inferencias lógicas, se sigue como principio que es imposible fundar un imperativo mediante una inferencia lógica.

2.3. Comentarios a la tesis

2.3.1. Enunciados imperativos, imperativos categóricos, imperativos hipotéticos.

2.3.1.1. Concepto de enunciado imperativo

Los enunciados imperativos son enunciados en los cuales el modo del verbo principal es el modo imperativo. He aquí seis ejemplos de enunciado imperativo: 'Cierra la puerta', 'Calla', 'Compórtate educadamente en la mesa', 'Haz tu deber', 'Actúa de tal modo que puedas querer que la máxima de tu acción se convierta en una ley universal', 'No hagas a los demás lo que no querrías que lo demás te hiciesen a ti'.

Estos imperativos suelen ser llamados (siguiendo la terminología de Immanuel Kant) «categóricos».

Pero el añadido del adjetivo 'categórico' es superfluo en realidad. El adjetivo 'categórico' es pleonástico: de hecho, los enunciados imperativos, son todos «categóricos» en virtud de su propia forma imperativa.

2.3.1.2. Dos críticas al concepto de imperativo hipotético (no imperatividad y no anapofanticidad de los imperativos hipotéticos)

2.3.1.2.1. Los denominados imperativos «hipotéticos» de la forma «Si quieres obtener esto y esto otro, debes hacer así y así» no son en realidad unos imperativos: son normalísimos enunciados hipotéticos indicativos, que constan de prótasis y apódosis, y que simplemente describen cómo se debe uno comportar para conseguir un determinado fin, una determinada finalidad.

2.3.1.2.2. Al contrario que los imperativos categóricos, los imperativos «hipotéticos» pueden ser verdaderos o falsos: pueden ser verdaderos o falsos porque puede ser verdadero (justo) o falso (equivocado) que se consiga la finalidad deseada si se comporta uno como dice la apódosis ('Debes hacer así y así').

2.3.1.3. Semántica de la forma verbal 'debe' ['skal']

Probablemente, los enunciados de los imperativos «hipotéticos» han sido considerados unos enunciados imperativos porque contienen la palabra 'debe', forma verbal que suele usarse para **describir que está presente un mandato o una exigencia,** pero que, probablemente, no aparece nunca en un enunciado realmente imperativo.

El modo imperativo del verbo 'deber' [*at* **skulle**] no existe ni puede existir: de hecho, no se puede ordenar a nadie que deba (el deber no es un posible objeto de una orden); así pues, un imperativo del verbo 'deber' no tendría sentido.

2.3.2. Enunciado imperativo vs. enunciado en términos de 'deber'; descripción de un mandato o de una exigencia vs. expresión de un mandato o de una exigencia.

2.3.2.1. Por el contrario, un enunciado en términos de 'debe' se suele considerar como si fuese un enunciado imperativo. Por ejemplo, cuando se dice: 'Debes cerrar la puerta'.

Pero este aparente enunciado imperativo es, en realidad, un enunciado indicativo, un enunciado indicativo que (aproximadamente) significa: «Se te hace la exigencia de cerrar la puerta». O también: «Estás en la situación de deber cerrar la puerta».

2.3.2.2. Enunciados como 'Se te hace la exigencia de cerrar la puerta' o 'Estás en la situación de deber cerrar la puerta' no **expresan** un mandato, sino que solamente **narran** o **describen** que está presente un mandato o una exigencia dirigidos a la persona a la que se habla.

2.3.2.1.1. Todo esto se ve clarísimamente cuando el sujeto se pone en tercera persona (del singular o del plural: 'él', 'ellos'): 'El debe cerrar la puerta', 'Ellos deben cerrar la puerta'.

Estos enunciados (con el sujeto en tercera persona) en términos de 'debe' pueden ser verdaderos o falsos, según esté o no presente la exigencia.

2.3.2.1.2. Lo que vale para los enunciados en términos de 'debe' con el sujeto en tercera persona ('él', 'ellos') también vale para los enunciados en términos de 'debe' con el sujeto en primera persona ('yo') y en segunda persona ('tú'); es decir, para los correspondientes enunciados que se obtengan poniendo el sujeto en primera persona ('Yo debo cerrar la puerta') o en segunda persona ('Tú debes cerrar la puerta').

Probablemente, estos enunciados en términos de 'debe' se suelen considerar unos enunciados imperativos porque los pronombres personales de la primera persona ('yo') y de la segunda persona ('tú') se suelen considerar nombres propios, o son usados como nombres propios, con la consecuencia de que los enunciados en cuestión pueden considerarse enunciados imperativos, esto es, equivalentes a enunciados como 'Hans, cierra la puerta'.

Pero en tales casos estos enunciados en términos de 'deber' equivalen, en realidad, a enunciados imperativos, y como tales se formulan correctamente.

2.3.3. Distinción entre tres tipos de enunciado.

- **(i)** Primero: Enunciados indicativos que **narran** que está presente un mandato o una exigencia dirigidos a alguien (una o más personas), o, respectivamente, que alguien se encuentra en una situación tal que está presente un mandato o una exigencia que se refiere a él.

– **(ii)** Segundo: Enunciados imperativos que no narran nada, pero que **expresan** una orden o un mandato;

– **(iii)** Tercero: Enunciados que son abiguos, en el sentido de que (según los casos) se refieren a (i) o a (ii).

Examinamos, por orden, estos tres tipos de enunciado.

2.3.3.1. Por lo que se refiere al primero de los tres tipos de enunciados, es evidente que pueden tener un valor lógico (verdad o falsedad), y por ello pueden entrar como premisas o como conclusiones en inferencias lógicas.

2.3.3.2. Por lo que se refiere al segundo de los tres tipos de enunciados, es por el contrario evidente que no pueden tener un valor lógico. No son ni verdaderos ni falsos, ya que no narran nada con lo que puedan estar en correspondencia o en no-correspondencia (no describen nada con lo que puedan concordar o no concordar).

Los enunciados imperativos que expresan una orden o un mandato son meras señales como 'Calla', '(Atentos!', '(Descansen!', '(Marchen!').

Son meras señales (eventualmente sustituibles con un simple gesto) que se usan para provocar determinadas acciones en individuos convenientemente adiestrados.

Con frecuencia, estos enunciados funcionan de modo puramente sugestivo, pero, en todos los casos, la relación que media entre ellos y la acción que el autor del mandato quiere provocar en el destinatario del mandato difiere de la relación representativa que media entre un enunciado indicativo y el argumento que el enunciado indicativo describe.

Por ello, enunciados imperativos de este tipo no pueden entrar como términos, como miembros en inferencias lógicas: no pueden **ni** ser fundados lógicamente, **ni** ser usados para dar fundaciones lógicas.

2.3.3.3. Por lo que se refiere al tercero de los tres tipos de enunciado, el de los enunciados ambiguos, la respuesta a la cuestión de si son posibles términos de inferencias lógicas (o sea, la respuesta a la cuestión de su «utilizabilidad» lógica) depende de cómo se entiendan los enunciados ambiguos:

– **(iii.i)** si se entienden como enunciados **imperativos,** no pueden entrar en inferencias lógicas;
– **(iii.ii)** si, por el contrario, se entienden como enunciados **indicativos,** naturalmente que pueden ser empleados como premisas y como conclusiones.

Pero, en todo caso, es necesario tener en cuenta el modo en el que estos enunciados ambiguos se entienden. No es posible usar primero estos enunciados como premisas indicativas, y después entender como imperativa la conclusión que se extrae de ellos.

Por ejemplo, éste sería el error que se cometería si de los enunciados 'Todo ser humano debe hacer su deber' y 'Este es tu deber' se extrajese la conclusión 'Por consiguiente, debes hacer esto', para después entender la conclusión ('Debes hacer esto') como un imperativo que ordena a una persona actuar de un determinado modo.

Y exactamente lo mismo valdría, naturalmente, si como premisa mayor se usase algún otro enunciado indicativo (no ya en términos de 'debe', sino en términos de 'moralmente justo') que afirmara o narrara que un cierto modo de actuar es moralmente justo (como quiera que se defina el predicado, el axiónimo, 'moralmente justo').

2.3.4. Enunciados en términos de 'debe' tautológicos.

En passant, se puede añadir que todos los enunciados en términos de 'debe' del tipo 'Debes hacer tu deber' y 'Todo ser humano debe hacer su deber' son probablemente tautológicos. Son tautológicos porque el concepto de 'deber' equivale al concepto de 'lo que se debe hacer' ('lo que debes hacer') o, respectivamente, al concepto de 'lo que todo ser humano debe hacer'.

Tales enunciados en términos de 'debe' solamente dejarán de tener un contenido tautológico cuando se prescriban modos (modelos) de comportamiento totalmente determinados, como cuando se dice 'Debes callar' o 'Cada uno debe pagar sus deudas'.

3. RECAPITULACIÓN DE LAS TESIS Y FORMULACIÓN DE UNA POSIBLE HIPÓTESIS ALTERNATIVA

3.1. Resumiendo, mi resultado es el siguiente:

– **(i)** Los imperativos no pueden estar fundados lógicamente porque no pueden entrar como **conclusiones** en inferencias lógicas (en otros términos: porque no pueden ser **conclusiones** de inferencias lógicas).

– **(ii)** Los imperativos no pueden usarse para la fundación lógica de imperativos porque no pueden entrar como **premisas** en inferencias lógicas (en otros términos: porque no pueden hacer de **premisas** de inferencias lógicas).

Por consiguiente, es imposible dar una fundación lógica de una moral o ética (impertiva).

3.2. Que pueda o no ser posible crear una especie de lógica de algún otro género (concretamente, una especie de **«sintaxis de los imperativos»)** es otra cuestión que no discuto en este contexto, ya que ese tipo de lógica no lo toma en consideración ni H. Poincaré ni K. Grue-Sorensen.

BIBLIOGRAFÍA DE FENOMENOLOGÍA JURÍDICA

GIUSEPPE LORINI

BIBLIOGRAFÍA

AARNIO, AULIS, *Legal Fictions and the Problem of Institutional Facts. An Ontological Point of View*. En: Krawietz, Werner / Wright, Georg Henrik von (eds.), *Öffentliche oder private Moral? Vom Geltungsgrunde und der Legitimität des Rechts. Festschrift für Ernesto Garzón Valdés*. Berlin, Duncker und Humblot, 1992, pp. 3-15.

ALARCÓN CABRERA, CARLOS, *Normas y paradojas*. Madrid, Tecnos, 1993.

ALARCÓN CABRERA, CARLOS (ed.), *Estudios de deóntica*. Sevilla, Castillejo, 1995.

ALARCÓN CABRERA, CARLOS / ROSSETTI, ANDREA, *Validez y theticidad*. En: «Anuario de filosofía del derecho», 12 (1995), pp. 323-335.

ALCHOURRÓN, CARLOS EDUARDO / BULYGIN, EUGENIO, *Definiciones y normas*. En: *El lenguaje del derecho. Homenaje a Genaro R. Carrió*. Buenos Aires, Abeledo-Perrot, 1963, pp. 12-42.

ALEXEIEN, N. N., *L'acte juridique créateur comme source primaire du droit*. En: *Annuaire de l'Institut International de Philosophie du Droit et de Sociologie Juridique. 1934-1935. Travaux de la première session. Le Problème des Sourcen du Droit Positif.* Paris, Recueil Sirey, 1934, pp. 188-208.

AMBROSOLI, LODOVICO, *Giurisprudenza filosofica*. Milano, Carlo Turati, 1846.

AMSELEK, PAUL, *Méthode phénoyénologique et théorie du droit*. París, Librairie générale de droit et jurisprudence, 1964.

AMSELEK, PAUL, *La phénoménologie et le droit.* «Archives de philosophie du droit», 17 (1972).

AMSELEK, PAUL, *Philosophie du droit et théorie des actes de langage.* En: Amselek, Paul (ed.), *Théorie des actes de langage, éthique et droit.* Paris, PUF, 1986, pp. 109-163.

AMSELEK, PAUL, *Les règles juridiques en tant qu'objets mentaux.* En: «*Archiv für Rechts- und Sozialphilosophie*», 79 (1993), pp. 311-320.

AMSELEK, PAUL (ed.), *Théorie des actes de langage, éthique et droit.* Paris, PUF, 1986.

AMSELEK, PAUL / GRZEGORCZYK, CHRISTOPHE (eds.), *Controverses autour de l'ontologie du droit.* Paris, PUF, 1989.

ANDERSON, ALAN ROSS / MOORE, OMAR KHAYYAM, *Toward a Formal Analysis of Cultural Objects.* En: *Boston Studies in the Philosophy of Science. Dordrecht,* Reidel, 1963, pp. 117-143.

ANSCOMBE, GERTRUDE ELIZABETH MARGARET, *On Brute Facts.* En: «*Analysis*», 18 (1957-1958), pp. 69-72. Riedizione En: Thomson, Judith J. / Dworkin, Gerald (eds.), *Ethics.* New York / Evanston / London, Harper and Row, 1968, pp. 71-75.

ÂQVIST, LENNART, *Performatives and Verifiability by the Use of Language: A Study in the Applied Logic of Indexicals and Conditionals.* Uppsala, 1972. [«Filosofiska Studier», 14.]

ARÍSTEGUL, ABEL JAVIER, *Oposiciones fuindamentales a la ontología del derecho.* La Plata, Editora Platense, 1967.

ASENJO, FLORENCIO G., *El todo y las partes. Estudios de ontologia formai.* Buenos Aires, Martinez de Murguia, 1962.

ASQUINI, ALBERTO, *La natura dei fatti come fonte di diritto.* En: «Archivio giuridico», 76 (1910), pp. 129-147.

ATIENZA RODRÍGUEZ, MANUEL / RUIZ MANERO, JUAN, *Sulle regole che conferiscono poteri.* En: Comanducci, Paolo Guastini, Riccardo (eds.), *Analisi e diritto. 1994.* Torino, Giappichelli, 1994, pp. 55-84.

ATIYAH, P. S. A., *Promises, Morals, and Law.* Oxford, Clarendon Press, 1981.

ATRIA, FERNANDO, *Constitutive and Regulative Institutions: On John Searle's General Theory of Institutional Facts. Actas del Congreso*

Applied Ontology. A Marvin Farber Conference on Law and Institutions in Society. Buffalo, 24-25 Abril 1998.

AUSTIN, JOHN LANGSHAW, *Philosophical Papers.* Oxford, Clarendon, 1961.

AUSTIN, JOHN LANGSHAW, *How to Do Things with Words.* London, Oxford University Press, 1962.

AZZONI, GIAMPAOLO M., *Il concetto di condizione nella tipologia delle regole.* Padova, CEDAM, 1988.

AZZONI, GIAMPAOLO M., *Cognitivo e normativo: il paradosso delle regole tecniche.* Milano, Franco Angeli, 1991.

AZZONI, GIAMPAOLO M., *Filosofia dell'atto giuridico in Immanuel Kant.* Padova, CEDAM, 1998.

BACH, KENT, ANALYTICAL SOCIAL PHILOSOPHY. *Basic Concepts.* En:»Journal of the Theory of Social Behaviour», 5 (1975), pp. 189-214.

BACKER, G. P. / HACKER, P. M., *Rides, Definitions, and the Naturalistic Fallacy.* En: «American Philosophical Quarterly», 3 (1966), pp. 299-305.

BAGOLINI, LUIGI, *Responsabilità e analisi del linguaggio.* En: «Rivista trimestrale di diritto e procedura civile», 12 (1958), pp. 592-597.

BAGOLINI, LUIGI, *Norma negoziale e paradigma normativo.* En: «Rivista internazionale di filosofia del diritto», 37 (1960), pp. 30-43.

BAGOLINI, LUIGI, *Tempo e «dover essere» nell'esperienza giuridica.* En: «Rivista internazionale di filosofia del diritto», 44

(1967) , pp. 598-607.

BALOSSINI, CAJO ENRICO, *Nozione analitica delle «regole sociali».* En: «Jus», 15 (1964), pp. 1-64.

BALOSSINI, CAJO ENRICO, *Il diritto delle consuetudini e degli usi.* Milano, Giuffrè, 1974.

BANKOWSKI, ZENON, *Institutional Legai Positivism.* En: «Rechtstheorie», 20 (1989), pp. 289-302.

BARATTA, ALESSANDRO, *Natura del fatto e giustizia materiale.* Milano, Giuffrè, 1968.

BARBERIS, MAURO, *Conformità a regole giuridiche. Un'ipotesi, una ricognizione, un inventario.* En: Castignone, Silvana (ed.), *Studi in memoria di Giovanni Tarello.* Milano, Giuffrè, 1990, vol. 2, pp. 51-100.

BASSENGE, FRIEDRICH, *Das Versprechen. Ein Beitrag zur Philosophie der Sittlichkeit und des Recht. Berlin,* Junker und Dunnhaupt, 1930.

BATTAGLIA, FELICE, *Le problème du contrai.* En: «Archives de Philosophie du droit et de Sociologie juridique», 10 (1940), pp 174-185.

BELING, ERNST, *Die Lehre vom Verbrechen*: Tübingen, Mohr, 1906.

BELL, DAVID R., *What Hobbes Does with Words.* En: «The Philosophical Quarterly», 19 (1969), pp. 155-158.

Belvedere, Andrea, *II problema delle definizioni nel codice civile. Milano, Giufré, 1977.*

BENTHAM, JEREMY, *De l'ontologie et autres textes sur les fictions.* A cargo de Jean-Pierre Cléro y Christian Lava. Paris, Seuil, 1997.

BENVENISTE, EMILE, *De la subjectivité dans le langage.* En: «Journal de psychologie», 55 (1958), pp. 257-265. Reedición en: Benveniste, Emile, *Problèmes de linguistique générale.* Paris, Gallimard, 1966, pp. 258-266.

BENVENISTE, ÉMILE, *La philosophie analytique et le langage.*

En: «Les études philosophiques», 1 (1963), pp. 3-11. Reedición en: Benveniste, Émile, *Problèmes de linguistique générale.* Paris, Gallimard, 1966, pp. 267-276.

BERGER, PETER L. / KELLNER, HANSFRIED, *Marriage and the Construction of Reality.* En: «Diogenes», 45 (1964), pp. 1-25.

BERGER, PETER L. / LUC KM ANN, THOMAS, *The Social Construction of Reality.* London, Penguin, 1967.

BERTINI, ALESSANDRO, *Norma e situazione nella semantica giuridica.* Milano, Giuffrè, 1958.

BETTI, EMILIO, *Teoria del negozio giuridico.* Torino, UTET, 1960.

BJARUP, JES, *Skandinavischer Realismus. Hàgerstròm - Lundstedt - Olivecrona - Ross.* Freiburg, Karl Alber, 1978.

BLACK, MAX, *The Labyrinth of Language*. London, Pall Mall Press, 1968.

BLACK, MAX, *Margins of Precisions: Essays in Logic and Language. Ithaca,* Cornell University Press, 1970.

BLACK, MAX, *The «Factual» and the «Normative»*. En: Kuypers, K. (ed,), *Human Sciences and the Problem of Values. Entretiens in Amsterdam (8-11.9.1971).* Dordrecht, Martinus Nijhoff, 1972, pp. 55-64.

BOAS, FRANZ, *The Mind of Primitive Man*. New York, Macmillan, 1911.

BOBBIO, NORBERTO, *L'indirizzo fenomenologico nella filosofía sociale e giuridica*. Torino, Memorie dell'Istituto Giuridico, Serie II, Memoria 28, 1934.

BOBBIO, NORBERTO, *La consuetudine come fatto normativo*. Padova, CEDAM, 1942.

BOBBIO, NORBERTO, *Giusnaturalismo e positivisvio giuridico*. Milano, Comunità, 1965.

BOBBIO, NORBERTO, *Teorìa generale del diritto*. Torino, Giappichelli, 1994.

BOBBIO, NORBERTO, *Norma giuridica*. En: *Novissimo Digesto Italiano*. Torino, UTET, vol. 11, 1965, pp. 330-337.

BOÈR, STEVEN E., *Speech Acts and Constitutive Rules*. En: «The Journal of Philosophy», 71 (1974), pp. 169-174.

BONFANTINI, MASSIMO, *L'esistenza della realtà*. Milano, Bompiani, 1978.

BOSANQUET, BERNARD, *Criticai Notices:* Jahrbuch für Philosophie und Phänomenologische Forschung. *In Geineinschaft mit M. Geiger, München; A. Pfänder, München; A. Reinach, Göttingen; M. Scheler, Berlin; herausgegeben von Edmund Husserl. Erster Band. Halle a.d.S.: Verlag von Max Niemeyer. 1913.* «Mind», 23 (1914), pp. 587-597.

BOURDIEU, PIERRE, *Ésquisse d'une théorie de la pratique*. Genève, Droz, 1972.

BOZZI, PAOLO, *Fenomenologia sperimentale*. Bologna, Il Mulino, 1989.

BRÉHIER, ÉMILE, *L'Acte symbolique*. En: «Revue Philosophi- que de la France bì de l'Étranger», 84 (1917), pp. 345-361.

BRETONE, MARIO, I *fondamenti del diritto romano. Le cose e la natura*. Bari-Roma, Laterza, 1998.

BRENTANO, FRANZ, *Vom. Ursprung sittlicher Erkentnis*. Leipzig, Duncker & Humblot, 1989. Traducción castellana de Manuel G. Morente. *El origen del conocimiento moral*. Madrid, Revista de Occidente, 1941.

BRIMO, ALBERT, *De l'unité des doctrines phénoménologiques, existentialistes, et axiologiques dans la théorie générale du droit*. Toulose, 1964.

BRINCKMANN, HANS, *Rechtshandlungen und Sprechhandlungeil. Umgangssprachliche Äusserungen und fachsprachliche Konventionen bei Rechtsgeschäften*. En: Petöfi, János Sándor / Podlech, Adalbert / Savigny, Eike von (eds.), *Fachsprache-Umgangssprache. Kronberg im Taunus*, Scriptor, 1975, pp. 197-224.

BRODBECK, MAY, *Significato e azione*. Traducción italiana de Amedeo G. Conte. En: «Rivista di filosofia», 54 (1963), pp. 267-293.

BROEKMAN, JAN M., *Sprechakt, Norm und Institution*. En: Krawietz, Werner / Schelsky, Helmut / Winkler, Günther / Schramm, Alfred (eds.), *Theorie der Normen. Festgabe für Ota Weinberger zum 65. Geburstag*. Berlin, Duncker & Humblot, 1984, pp. 17-28.

BROEKMAN, JAN M., *Zur Ontologie des Juristischen Sprechakten*. En: Krawietz, Werner / Ott, W. (eds.), *Formalismus una Phänomenologie im Rechtsdenken der Gegenwart*. Berlin, Duncker & Humblot, 1987, pp. 231-243.

BRUGI, BIAGIO, *Fatto giuridico e rapporto giuridico*. En: «Rivista internazionale di filosofia del diritto», 1 (1921), pp. 14-20.

BURKHARDT, ARMIN, *Il filosofo del diritto Adolf Reinach, lo sconosciuto fondatore della teoria degli atti linguistici*. «Teoria», 6 (1986), pp. 45-62.

BURKHARDT, ARMIN, *Soziale Akte, Sprechakte und Textillokutionen*. Tübingen, Max Niemeyer, 1986.

BUSSE, DIETRICH, *Juristische Semantik*. Berlin, Duncker & Humblot, 1993.

CALLIES, ROLF-PETER, *Eigentum als Institution. Eine Untersuchung zur theologisch-anthropologischen Begründung des Rechts*. Munchen, Beck, 1962.

CALOGERO, GUIDO, *La polemica sui concetti giuridici.* En: «Rivista di diritto commerciale», 1 (1945), pp. 112-129.

CALVO GONZALEZ, José, *La institución jurídica.* Malaga, Agora, 1986.

CAMERON, J. R., *'Ought' and Institutional Obligations.* En: «Philosophy», 46 (1971), pp. 309-323.

CAMERON, J. R., *Sentence-Meaning and Speech Acts.* En: «The Philosophical Quarterly», 20 (1970), pp. 97-117.

CAMERON, J. R., *The Nature of Institutional Obligation.* En: «The Philosophical Quarterly», 22 (1972), pp. 318-331.

CAPELLA, JUAN-RAMON, *El derecho como lenguaje. Un análisis lógico.* Barcelona, Ariel, 1968.

CAPITANT, RENÉ, *Introduction à l'étude de l'illicite. L'impératif juridique.* Tesis de doctorado: Paris, 1928.

CARCATERRA, ANTONIO, *Struttura del linguaggio giuridico-precettivo romano.* Bari, Franco Cacucci, 1968.

CARCATERRA, ANTONIO, *Semantica degli enunciati normativo-giuridici romani.* Bari, Franco Cacucci, 1972.

CARCATERRA, GAETANO, *Le norme costitutive.* Milano, Giuffrè, 1974.

CARCATERRA, GAETANO, *La forza costitutiva delle norme.* Roma, Bulzoni, 1979.

CAREY, TONI VOGEL, *Institutional versus Moral Obligation.* En: «The Journal of Philosophy», 74 (1977), pp. 587-589.

CARNAP, RUDOLF, *Der logische Aufbau der Welt. Scheinprobleme in der Philosophie.* Hamburg, Felix Meiner, ^{2}1961.

CARRIER, JAMES G., *Oltre la produzione: gli oggetti nelle relazioni sociali.*_En: «Rassegna italiana di sociologia». 33 (19921 pp. 369-389.

CARRIÓ, GENARO RUBÉN, *Notas sobre derecho y lenguaje.* Buenos Aires, Abeledo-Perrot, 1968.

CARRIÓ, GENARO RUBÉN, *Sobre los límites del lenguaje notmativo.* Buenos Aires, Astrea, 1973.

CASATI, ROBERTO, *Così si definisce un ente immobiliare.* En: «Il Sole - 24 ore», domenica 24 maggio 1998, p. 35.

CASATI, ROBERTO / SOLDATI, GIANFRANCO, *On the Perception of Abstract Objects*. En: Hill, James / Kotátko, Petr (eds.), *Karlovy Vary Studies in Reference and Meaning*. Prague, Filosofia, 1995, pp. 89-113.

CASATI, ROBERTO / VARZI, ACHILLE C., *Holes and Other Superficialities*. Cambridge (Mass.), Massachusetts Institute of Technology, 1994.

CASTORIADIS, CORNELIUS, *The Imaginary: Creation in the Social-Historical Domain*. En: Livingston, Paisley (ed.), *Disorder and Order. Proceedings of the Stanford International Symposium* (sept. 14-16, 1981). Saratoga, Anma Libri, 1984, pp. 146-161.

CASSIRER, ERNST, *Zur Logik der Kulturwissenschaften. Fünf Studien*. Darmstadt, Wissenschaftliche Buchgesellschaft, 1961.

CASTAÑEDA, HÉCTOR-NERI, *Thinking and Doing. The Philosophical Foundations of Institutions*. Dordrecht, Kluwer, 1975.

CASTANHEIRA NEVES, ANTONIO, *Questào de facto-questào de direito ou o problema metodológico da juridicidade*. Coimbra, Livraria Almedina, 1967.

CASTIGNONE, SILVANA, *Diritto, linguaggio, realtà. Saggi sid realismo giuridico*. Torino, Giappichelli, 1995.

CATTANEO, MARIO A., *Metafisica del diritto e ragione pura*. Milano, Giuffrè, 1984.

CELANO, BRUNO, *Dialettica della giustificazione pratica. Saggio sulla legge di Hume*. Torino, Giappicheli, 1994.

CESARINI SFORZA, WIDAR, *Promessa e giuraento*. En: *Scritti in onore di Francesco Carnelutti*. Padova, CEDAM, 1950, vol. I, pp. 217-234. Reedición en: *Widar Cesarini Sforza, Idee e problemi di filosofia giuridica*. Milano, Giuffrè, 1956, pp. 237-259.

CESARINI SFORZA, WIDAR, *Note per una teoria generale degli atti giuridici*. En: Cesarini Sforza, Widar, *Vecchie e nuove pagine di filosofia, storia e diritto*. Milano, Giuffrè, vol. I, 1967, pp. 449-475.

CHISHOLM, RODERICK MILTON (ed.), *Realism and the Background of Phenomenology*. New York, Free Press, 1960.

CHISHOLM, RODERICK MILTON, *Homeless Objects*. En: «Revue internationale de philosophie», 27 (1973), pp. 207-223.

COFRÉ LAGOS, JUAN O., *Ontologia del ente ficticio.* En: «Cuadernons Salmantinos de Filosofía», 17 (1990), pp. 449-470.

COHEN, LAURENCE JONATHAN, *Do Illocutionary Forces Exist?* En: «The Philosophical Quarterly», 14 (1964), pp. 118-137. Reedición en: Fann, K. T. (ed.), Symposium on J. L. Austin. London, Routledge and Kegan Paul, 1969, pp. 420-444.

COLLIN, FINN, *Social Reality.* London, Routledge, 1997.

CONRAD, WALDEMAR, *Der ästhetische Gegenstand. Eine phänomenologische Studie.* En: «Zeitschrift für Ästhetik und allgemeine Kunstwissenschaft», 3 (1908), pp. 71-118 e pp. 469-511; 4 (1909), pp. 400-455.

CONTE, AMEDEO G., *Filosofia del linguaggio normativo I. Studi 1965-1981.* Torino, Giappichelli, 1989.

CONTE, AMEDEO G., *Forma performativa.* Traduzione castigliana di Carlos Alarcón Cabrera. «Anuario de filosofía del derecho», 11 (1994), pp. 381-392.

CONTE, AMEDEO G., *Filosofia del linguaggio normativo II. Studi 1982-1994.* Torinoi, Giappichelli, 1995.

CONTE, AMEDEO G., *Filosofia dell'ordinamento giuridico. Studi 1957-1968.* Torino, Giappichelli, 1997.

CONTE, AMEDEO G. / ALARCÓN CABRERA, Carlos, *Deóntica de la validez.* Madrid, Tecnos, 1995.

CONTE, MARIA-ELISABETH, *Two Types of Performativity and Two Types of Speech-Acts.* International Pragmatics Conference, Viareggio, Septiembre 1985.

CONTE, MARIA-ELISABETH, *Pragmatica della promessa.* En: Galli, Giuseppe (ed.), *Interpretazione e promessa.* XV Colloquio sulla interpretazione. Macerata, 21-22 Marzo 1994. Pisa, Giardini, 1995, pp. 19-36.

CORDERO, FRANCO, *Le situazioni soggettive nel processo penale.* Milano, Giappichelli, 1956.

CORDERO, FRANCO, *Gli osservanti. Fenomenologia delle norme.* Milano, Giuffrè, 1967.

COSSIO, CARLOS, *El derecho en el derecho judicial.* Buenos Aires, Guillermo Kraft, 1945. Reedición: Buenos Aires, Abeledo-Perrot, 1959.

COSSIO, CARLOS, *Teoria de la verdad juridica.* Buenos Aires, Losada, 1954.

COSSIO, CARLOS, *La norme et l'imperatif chez Husserl.* En: *Mélanges en l'honneur de Paul Roubier*. Paris, Dalloz & Sirey, 1961, vol. I, pp. 145-198.

COSSIO, CARLOS, *La teoria egologica del derecho.* Buenos Aires, Abeledo-Perrot, 1964.

CROSBY, JOHN F., *Reinach's Discovery of Social Acts.* En: «Aletheia», 3 (1983), pp. 143-194.

CROSBY, JOHN F., *Phenomenology and the Philosophy of Law: the Apriori Foundations of Civil Law.* En: Adolf Reinach, *Samtliche Werke. Ausgabe und Kommentar.* München, Philosophia, 1989.

CROSBY, JOHN F., *Speech Act Theory and Phenomenology*. En: Burkhardt, Armin (ed.), *Speech Acts, Meaning and Intentions. Critical Approaches to the Philosophy of John R. Searle*. Berlin, de Gruyter, 1990, pp. 62-88.

CZEPITA, STANISLAW, *Leon Petrazycki and Czeslaw Znamierowski, Founders of the Polish Theory of Law.* En: Ziembinski, Zygmunt (ed.), *Polish Theory and Philosophy of Law.* Amsterdam, Rodopi, 1987, pp. 1-14.

CZEPITA, STANISLAW, *Koncepcje teoretycznoprawne Czeslawa Znamierowskiego [Las coiicepciones teórìco-juridicas de Czeslaw Znamierowski].* Poznan, Uniwersytet im. Adama Mickiewicza, 1988.

CZEPITA, STANISLAW, *Czeslaw Znamierowski's Conception of Constitutive Rules.* En: «Ratio Juris», 3 (1990), pp. 399-406.

DAGOGNET, FRANÇOIS, *La philosophie de la volonté.* Paris, PUF, 1992.

DAVY, GEORGES, *La foi jurée. Étude sociologique du problème du contrat. La formation du lien contractuel.* Paris, Alcan, 1922.

DE CARO, LUIGI A., *Strutture normative in Gerhard Ledig.* Tesis de laurea, Pavia, 1993.

DE CARO, LUIGI A., *Deontica in Gerhard Ledig.* En: «Rivista internazionale di filosofia del diritto», 73 (1996), pp. 71-123.

DE GIACOMO, CLAUDIO, *Fonti diritti e regole.* Napoli, Edizioni Scientifiche Ita'iane, 1990.

DE GROOT, MURIEL / VRIELINK, Mirjan Oude, *Legal Theory and Sociological Facts*. En: «Law and Philosophy», 17 (1998), pp. 251-270.

DE RAAD, BOELE, *The Language of Social Acts*. En: «Journal of Semantics», 4 (1985), pp. 223-236.

DERRIDA, JACQUES, *Introduction á l'Origine de la Géométrie de Husserl*. Paris, PUF, 1962.

DI BERNARDO, GIULIANO, *Il ruolo delle regole costitutive e prescrittive nella costruzione della realtà sociale*. En: «Nuova civiltà delle macchine», 3 (1985), numero 3-4 (11-12), pp. 34-39.

DI BERNARDO, GIULIANO (ed.), *Normative Structures of the Social World*. Amsterdam, Rodopi, 1988.

DI LUCIA, PAOLO, *L'universale della promessa*. Milano, Giuffrè, 1997.

DI LUCIA, PAOLO, *Pragmática de los actos y ontologia del derecho*. En: Rentería Díaz, Adrián (ed.), *Filosofía analítica y filosofía del derecho*. «Nóesis. Revista de ciencias sociales y humanidades», 9 (1997), pp. 61-75.

DI LUCIA, PAOLO, *Che diritto hanno le cose senza corpo?* En: «Il Sole - 24 ore», domenica 24 maggio 1998, p. 35.

Di Lucia, Paolo, *Come fare regole con le cose*. En: Costanzo, Pasquale (ed.), *Codificazione del diritto e ordinamento costituzionale*. Napoli, Jovene, 1999, pp. 139-156.

DONIUS, CHARLES, *Existentialisme, phénoménologie et philosophie du droit*. En: «Archives de philosophie du droit», Nuovelle sèrie, 2 (1957), pp. 221-231.

DONNICI, ROCCO, *Husserl e Hume. Per una fenomenologìa della natura umana*. Milano, Franco Angeli, 1989.

DOVERI, ALESSANDRO, *Istituzioni di diritto romano*. Firenze, Le Monnier, 1866.

DREIER, RALF, *Zum Begriff der «Natur der Sache»*. Berlin, de Gruyter, 1965.

DUBOUCHET, PAUL, *Pour une théorie générale du droit. Essai sur les rapports du normatif et du logico-grammatical*. Lyon, L'Hermès, 1993.

DUFRENNE, MIKEL, *Phénoménologie de l'expérience esthétique*. Paris, PUF, 1953.

DURKHEIM, ÉMILE, *Les régle de la méthode sociologique*. Paris, F. Alcan, 1895, 1901.

DUXBURY, NEIL, *Carlos Cassia and Egological Legai Philosophy*. En: «Ratio», 2 (1989), pp. 274-282.

DUXBURY, NEIL, *The Apriori and the Legal*. En: «Rechtstheorie», 21 (1990), pp. 297-310.

DUXBURY, NEIL, *Apriori Philosophy and Legal Ontology*. En: «Archiv für Rechts- und Sozialphilosophie», 77 (1991), pp. 262-266.

DUXBURY, NEIL, *The Legal Philosophy of Adolf Reinach*. En: «Archiv für Rechts- und Sozialphilosophie», 77 (1991), pp. 314-347.

DUXBURY, NEIL, *The Legal Philosophy of Adolf Reinach. II*. En: «Archiv für Rechts- und Sozialphilosophie», 77 (1991), pp. 466-492.

EMBREE, LESTER, *A Note on 'Is' and 'Ought' in Phenomenological Perspective*. En: «Philosophy and Phenomenological Research», 39 (1979), pp. 595-597.

FALCHI, ANTONIO, *La filosofia sociale e giuridica di S. Fragapane*. En: *Studi in onore di Biagio Brugi nel XXX anno del suo insegnamento*. Palermo, Gaipa, 1910, pp. 103-136.

FALCHI, ANTONIO, *Le esigenze metafisiche della filosofia del diritto e il valore dell'a priori*. Sassari, Dessi, 1913.

FALCHI, ANTONIO, *L'oggettività del mondo sociale e il concetto di formazione storica*. En: «Rivista internazionale di filosofia del diritto», 16 (1936), pp. 31-56.

FALCIONI, DANIELA, *Gli atti sociali nella fenomenologia del diritto di Adolf Reinach*. En: Punzi, Antonio et al. (eds.), *Relazione giuridica, riconoscimento e atti sociali*. Roma, Bulzoni, 1991, pp. 395-455.

FALCONI, DANIELA, *Le regole della relazionalitá. Una interpretazione della fenomenología di Adolf Reinach*. Milano, Giufré, 1991.

FARALLI, CARLA, *Diritto e magia. Saggio su Axel Hägerström*. Milano, Giuffrè, 1982.

FASSÒ, GUIDO, *La storia come esperienza giuridica*. Milano, Giuffrè, 1953.

FERBER, RAFAEL, *Das normative «Ist»*. En: «Zeitschrift für philosophische Forschung», 42 (1988), pp. 371-396.

FERBER, RAFAEL, *Das normative «Ist» und das konstative «Soll»*. En: «Archiv für Rechts- und Sozialphilosophie», 74 (1988), pp. 185-199.

FERBER, RAFAEL, *Philosophische Grundbegriffe. Eine Einführung*. München, C. H. Beck, 21994.

FERRAJOLI, LUIGI, *La formazione e l'uso dei concetti nella scienza giuridica e nell'applicazione della legge*. En: «Materiali per una storia della cultura giuridica», 15 (1985), pp. 401-422.

FERRARI, GIANFRANCO A., *Il diritto tra regola e azione. Elemeyiti di analisi praxeologica del normativo*. Padova, CEDAM, 1988.

FILIPPONIO, ANGIOLA, *Sulla teoreticità delle norme costitutive*. En: «Rivista internazionale di filosofia del diritto», 57 (1980), pp. 238-281.

FILIPPONIO, ANGIOLA, *Le enunciazioni performative e il linguaggio del legislatore*. Milano, Giuffrè, 1983.

FINZI, ENRICO, *Le teorie degli istituti giuridici*. En: «Rivista Critica di Scienze Sociali», 1 (1914), pp. 3-16. Reedición en: Scarpelli, Uberto / Di Lucia, Paolo (eds.), *Il linguaggio del diritto*. Mi- lano, LED, pp. 267-279.

FERGUSON, L.W., *La philosophie de l'action de J.L. Austin*. En: «Archives de Philosophie», 30 (1967), pp. 36-60.

FREGE, GOTTLOB, *Logische Untersuchungen*. A cargo de Günther Patzig. Göttigen, Vandenhoeck & Ruprecht, 1966.

FRENCH, PETER A., *Institutional and Moral Obligations (or Merels and Morals)*. En: «The Journal of Philosophy», 74 (1977), pp. 575-587.

FRIEDMANN, WOLFGANG, *Fenomenologia e scienza del diritto*. En: «Rivista internazionale di filosofia del diritto», 48 (1971), pp. 327-348.

FRIEDRICHS, D., *Gegenstandstheorie*. En: Ritter, Joachim (ed.), *Historisches Wörterbuch der Philosophie*. Basel, Schwabe, vol. 3, 1974, coll. 134-135.

FROSINI, VITTORIO, *La struttura del diritto*. Milano, Giuffrè, 1962.

FURBERG, MATS, *Locutionary and Illocutionary Acts: A Main Theme in J. L. Austin's Philosophy*. Stockholm, Alongvist & Wik- sell, 1963.

GABAUDE, JEAN-MARC, *Une philosophie eidétique du droit*. En: «Revue de Métaphysique et de Morale, 83 (1978), pp. 258-270.

GABRIEL, GOTTFRIED, «Sachen gibt's, die gibt's gar nicht». Sprachanalytische Bemerkungen zur Wiederentdeckung von Meinongs Jenseits durch T. Parsons. En: «Zeitschrift für Semiotik», 9)1987) , pp. 67-76.

GALE, RICHARD MILTON, *Do Performative Utterances Have Any Constitutive Function?* En: «Journal of Philosophy», 67 (1970), pp. 117-121.

GANEFF, VENELIN, *La realtà giuridica secondo gli autori russi*. En: «Rivista internazionale di filosofia del diritto», 1 (1921), pp. 37-51.

GANEFF, VENELIN, *Les notions juridiques*. En: *Studi filosofico-giuridici dedicati a Giorgio del Vecchio nel XXV anno di insegnamento (1904-1929). Modena, Società Tipografica Modenese,* 1930, vol. 1, pp. 272-288.

GARCÍA-BARÓ, MIGUEL, *Categorías, intencionalidad y números*. Madrid, Tecnos, 1993.

GARCÍA NORRO, JUAN JOSÉ, *La controversia acerca de las proposiciones sintéticas a priori*. «Anales del seminario de metafisica», 29 (1995), pp. 11-27.

GARCÍA MÁYNEZ, EDUARDO, *Clasificación de los conceptos jurídicos*. En: «Dianoia», 2 (1959), pp. 3-23.

GARCÍA MÁYNEZ, EDUARDO, *La noción universal del derecho y los conceptos jurídicos fundamentales*. En: «Dianoia», 1959, pp. 38-50.

GARCÍA MÁYNEZ, Guillermo, *La fenomenología del derecho en Schreier*. Buenos Aires, Editorial Jurídica Argentina, 1943.

GARCÍA SAN MIGUEL, LUIS, *Notas para una crítica de la razón jurídica*. Madrid, Universidad Complutense, Facultad de Derecho, Sección de publicaciones, ^1975.

GARDIES, JEAN-LOUIS, *Le droit, l'»a priori», l'imaginaire et l'expérience*. En: «Archives de philosophie du droit», 7 (1962), pp. 171-197.

GARDIES, JEAN-LOUIS, *La philosophie du droit d'Adolf Reinach*. En: «Archives de philosophie de droit», 10 (1965), pp. 17-32.

GARDIES, JEAN-LOUIS, *Essai sur les fondements apriori de la rationalité morale et juridique*. Paris, Librairie générale de droit et de jurisprudence, 1972.

GARDIES, JEAN-LOUIS, *Esquisse d'une grammaire pure*. Paris, Vrin, 1975.

GARDIES, JEAN-LOUIS, *Adolf Reinach and the Analytic Foundations of Social Acts*. En: Mulligan, Kevin (ed.), *Speech Act and Sachverhalt. Reinach and the Foundation of Realist Phenomenology*. The Hague, Nijhoff, 1986, pp. 107-117.

GARDIES, JEAN-LOUIS, *L'erreur de Hume*. Paris, PUF, 1987.

GARDIES, JEAN-LOUIS, *Entités théoriques et entités pratiques*. En: Petit, Jean-Luc XacL), *La querelle des normes*. Caen, Presses universitaires de Caen, 1995, pp. 163-174.

GARZÓN VALDÉS, ERNESTO, *Algunos modelos de validez normativa*. En: *Estudios en honor del doctor Luis Recaséns Siches*. México, Universidad nacional autónoma de México, 1980 pp 375- 402.

GASPARRI, PIETRO, *Elementi di scienza del diritto*. Pavia, Regisole, 1945.

GEACH, PETER THOMAS, *Ascriptivism*. En: «The Philosophical Review», 69 (1960), pp. 221-225.

GEIGER, THEODOR, *Vorstudien zu einer Soziologie des Rechtes*. Neuwied am Rhein, Hermann Luchterhand, 1964. Traducción castellana de Arturo Camacho, Guillermo Hirata e Ricardo Orozco: *Estudios de sociologia del derecho*. México, Fondo de cultura económica, 1983.

GÉNY, FRANÇOIS, *Science et technique en droit privé positif*. Paris, Librairie de la Société du Recueil Sirey, 1914-1924.

GERNET, LOUIS, *Droit et société dans la Grèce ancienne*. Paris, Recueil Sirey, 1955.

GIASANTI, ALBERTO/ MAGGIONI, GUIDO (eds.), *I diritti nascosti*. Milano, Cortina, 1995.

GIGLIOLI, PIER PAOLO (ed.), *Linguaggio e società*. Bologna, Il Mulino, 1973.

GILBERT, MARGARET, *Ori Social Facts*. London, Routledge, 1989.

GINET, CARL, *Performativity*. En: «Linguistics and Philosophy», 3 (1979), pp. 245-265.

GIOJA, AMBROSIO, *Ideas para una filosofía del derecho*. A cargo de R. Entelman. Buenos Aires, Sucesión Gioja, 1973.

GIZBERT-STUDNICKI. TOMASZ, *O niewaznych czynnosciach prawnych w swietle koncepcji czynnosci konwencjonalnych* [Invalidez jurídica de actos a la luz del concepto de actividad convencional.] En: «Panstwo i prawo», zeszyt 4 (350), 30 (1975), pp. 70-82.

GIZBERT-STUDNICKI, TOMASZ, *Czym nie sa wypowiedzi performatiwne? [¿No son hechos las enunciaciones performativas?].* En: «Studia Filozoficzne», nr. 8 (177), 1980, pp. 121-129.

GOLDSCHMIDT, JAMES, *L' «a priori» dans le droit et dans la morale.* En: «Archives de Philosophie du droit et de Sociologie juridique», 7 (1937), pp. 94-139.

GOLDSMITH, WERNER, *Fundamentos ontológicos y lógicos del derecho.* En: Goldsmith, Werner, *Filosofía, Historia y Derecho.* Buenos Aires, Abeledo, 1953, pp. 99-120.

GONZÁLEZ LAGIER, DANIEL, *Clasificar acciones. Sobre la crítica de Raz a las reglas constitutivas de Searle.* En: «Doxa», 13 (1993), pp. 265-276.

GORETTI, CESARE, *I fondamenti del diritto.* Milano, Libreria Editrice Lombarda, 1930.

GORETTI, CESARE, *La normatività giuridica.* Padova, CEDAM, 1950.

GORLA, GINO, *L'interpretazione del diritto.* Milano, Giuffrè, 1941.

GOYARD-FABRE, SIMONE, *Essai de critique phénoménologique du droit.* Paris, Klincksieck, 1972.

GREENAWALT, KENT, *Speech, Crime, and the Uses of Language.* Oxford, Oxford University Press, 1989.

GREGOROWICZ, JAN, *Definicje w prawie i w nauce prawa [Las definiciones en el derecho y en la ciencia jurídica*]. Lódz, Zaklad Narodowy im. Ossolinskich we Wroclawiu (Societas Scientiarum Lodzensis), 1962.GRODZINSKI, EUGENIUSZ, *Performative Utterances.* Wroclaw, Ossolineum, 1980.

GROSSI, PAOLO, *Sulla 'natura' del contratto.* En: «Quaderni fiorentini», 15 (1986), pp. 593-619.

GRZEGORCZYK, CHRISTOPHE, *Le rôle du performatif dans le langage du droit.* En: «Archives de philosophie du droit», 19 (1974), pp. 229-241.

GRZEGORCZYK, CHRISTOPHE, *La théorie générale des valeurs et le droit.* Paris, L.G.D.J., 1982.

GRZEGORCZYK, CHRISTOPHE, *L'impact de la philosophie des actes de language dans le monde juridique: essai de bilan*. En: Amselek, Paul (éd.), *Théorie des actes de langage, éthique et droit*. Paris, PUF, 1986, pp. 165-194.

GRZEGORCZYK, CHRISTOPHE, *L'acte juridique dans la perspective de la philosophie du droit*. En: «Droits», 7 (1988), pp. 47-57.

GUASTINI, RICCARDO, *Cognitivismo ludico e regole costitutive*. En: Scarpelli, Uberto (ed.), *La teoria generale del diritto. Problemi e tendenze attuali. Studi dedicati a Norberto Bobbio*. Milano, Comunità, 1983, pp. 153-176.

GUASTINI, RICCARDO, *Teorie delle regole costitutive*. En: «Rivista internazionale di filosofia del diritto», 60 (1983), pp. 548-564.

GUASTINI, RICCARDO, *Constitutive Rules and thè Is-Ought Dichotomy*. En: Di Bernardo, Giuliano (ed.), *Normative Structures of thè Social World*. Amsterdam, Rodopi, 1988, pp. 79-99.

GUMB, RAYMOND D., *Ride Govemed Linguistic Behavior*. The Hague, Mouton, 1972.

GURVITCH, GEORGES [Gurvïch, Georgiï Davidovïch], *Une philosophie intuitionniste du droit: Léon Pétrasizky*. En: «Archives de Philosophie du droit et de Sociologie juridique», 3-4 (1931), pp. 403-420.

GURVITCH, GEORGES [Gurvïch, Georgiï Davidovïchl, *L'idée du droit social. Paris, Recueill Sirey, 1932.*

HABERMAS, JÜRGEN, *Vorbereitende Bemerkungen zu einer Theorie der kommunikativen Kompetenz*. En: Habermas, Jürgen / Luhmann, Niklas, *Theorie der Gesellschaft oder Sozialtechnologie: Was leistet die Systemforschung?* Frankfurt am Main, 1971. pp. 101-141. Riedito En: Holzer, Horst, / Steinbacher, Karl (eds.), *Sprache und Gesellschaft*. Hamburg, Hoffman und Campe, 1972, pp. 208-236.

HABERMAS, JÜRGEN, *Was heisst Universalpragmatik?* En: Apel, Karl-Otto (ed.), *Sprachpragmatik und Philosophie*. Frankfurt am Main, Suhrkamp, 1976, pp. 174-273.

HABERMAS, JÜRGEN, *Faktizität und Geltung*. Frankfurt am Main, Suhrkamp, 1992.

HÄGERSTRÖM, AXEL, *Der römische Obligationsbegriff im Lichte der allgemein römischen Rechtsanschauung*. Uppsala, Almquist, 1927.

HALE, ROBERT, *Abstract Objects*. Oxford, Blackwell, 1987.

HAMRICK, WILLIAMS S., *An Existential Phenomenology of Law: Maurice Merleau-Ponty*. Dordrecht, Martinus Nijhoff, 1987.

HANCHER, MICHAEL, *Speech Act and the Law*. En: Shuy, Roger W. / Shnukal, Anna (eds.), *Language Use and the Use of Language*. Washington, Georgtown University Press, 1980, pp. 245-256.

HARE, CLARE K., *Towards an Ontology of Intellectual Property. Actas del Congreso: Applied Ontology*. A Marvin Färber Conference on Law and Institutions in Society. Buffalo, 24-25 Abril 1998.

HARE, RICHARD MERVYN, *The Promising Game*. En: «Revue internationale de philosophie», 18 (1964), pp. 398-412. Reedición en: Foot, Philippa Ruth (ed.), *Theories of Ethics*. Oxford, Oxford University Press, 1967, pp. 115-127.

HARRIS, JAMES F., *The Concept of Authority and the Performative Utterances*. En: «Southern Journal of Philosophy» (Memphis), 8 (1970), pp. 215-222.

HART, HERBERT LIONEL ADOLPHUS, *The Ascription of Responsibility and Rights*. En: «Proceedings of the Aristotelian Society», 49 (1970), pp. 215-222.

GARRARD NEWTON (ed.), *Logic and Language*. First Series, Oxford, Blackwell, 1951, pp. 145-166.

HART, HERBERT LIONEL ADOLPHUS / HONORÉ, TONY, *Causation in the Law*. Oxford, Clarendon, ^{2}1985.

HARTMANN, NICOLAI, *Das Problem des geistigen Seins*. Berlin, Walter de Gruyter, 1931.

HARVEY, CHARLES W., *Husserl and the Problem of Theoretical Entities*. «Synthese», 66 (1986), pp. 291-309.

HEDENIUS, INGEMAR [Per Arvid Ingemar], *Performatives*. En: «Theoria», 29 (1963), pp. 115-136.

HERINGER, HANS JÜRGEN, *Not by Nature nor by Intention. The Normative Power of the Language Signs*. En: Di Bernardo, Giuliano (ed.), *Normative Structures of the Social World*. Amsterdam, Rodopi, 1988, pp. 101-133.

HERNÁNDEZ MARÍN, RAFAEL, *El Derecho como dogma*. Madrid, Tecnos, 1984.

HERNÁNDEZ MARÍN, RAFAEL, *Historia de la filosofía del derecho contemporánea*. Madrid, Tecnos, 1986.

HIERRO, JOSÉ S.-P., *Problemas del analisis del lenguaje moral.* Madrid, Tecnos, 1970.

HIPPEL, FRITZ VON, *Das Problem der rechtsgeschäftlichen Privatautonomie*. Tübingen, J. C. B. Mohr, 1936.

HOEBEL, EDWARD ADAMSON, *The Law of Primitive Man. A Study in Comparative Legal Dynamics*. Cambridge (Mass.), Harvard University Press, 1954.

HUDSON, W.D., *The Is-Ought Question. A Collection of Papers on the Central Problem in Moral Philosophy*. London, MacMillan, 1969.

HUME, DAVID, *A Treatise of Human Nature*. London, John Noon, 1739. Reedición a cargo de Lawrence Amherst Selby-Bigge: Oxford, Clarendon Press, 1896.

HUME, DAVID, *Philosophical Essays Concerning Human Understanding*. London, A. Millar, 1748. Reedición con el título: An Enquiry Concerning Human Understanding. En: Hume, David, *Essays and Treatises in Several Subjects*. London, A. Millar, 1758.

HUSSERL, EDMUND, *Logische Untersuchungen*. Halle, Niemeyer, 1900-1901.

HUSSERL, EDMUND, *Ideen zu einer reinen Phänomenologie und phänomenologischen Philosophie*. Halle, Niemeyer, 1913.

HUSSERL, EDMUND, *Adolf Reinach*. En: «Kant-Studien», 23 (1919), pp. 147-149.

HUSSERL, EDMUND, *Erfahrung und Urteil. Untersuchungen zur Genealogie der Logik*. A cura di Ludwig Lundgrebe. Hamburg, Klaassen Verlag, 1948.

HUSSERL, GERHART, *Der Rechtsgegenstand. Rechtslogische Studien zu einer Theorie des Eigentums*. Frankfurt am Main, Vittorio Klostermann, 1933.

HUSSERL, GERHART, *Recht und Zeit. Fünf rechtsphilosophische Essays*. Frankfurt am Main, Vittorio Klostermann, 1955.

HUSSERL, GERHART, *Recht und Welt. Rechtsphilosophische Abhandlungen*. Frankfurt am Main, Vittorio Klostermann, 1964.

HUSSERL, GERHART, *Person, Sache, Verhalten. Zwei phänomenologische Studien*. Frankfurt am Main, Vittorio Klostermann, 1969.

INCAMPO, ANTONIO, *Sul fondamento della validit{a deontica.* Bari, Giuseppe Laterza, 1996.

INCAMPO, ANTONIO, *Atto e funzione. Sistema di deontica materiale a priori*. Bari, Adriatica, 1997.

INGARDEN, ROMAN, *Der Streit um die Existenz.* Tübingen, Niemeyer, 1964-1974.

IRTI, NATALINO, *Norme e fatti.* Milano, Giuffrè, 1984.

IRTI, NATALINO, *Formalismo e attività giuridica.* En: «Rivista di diritto civile», 36 (1990), pp. 1-10.

JACKSON, BERNARD, *Semiotics and Legai Theory.* London, Routledge & Kegan Paul, 1985.

JACQUES, FRANCIS, *L'analyse des énoncés moraux avant Austin.* En: Amselek, Paul (éd.), *Théorie des actes de langage, éthique et droit.* Paris, PUF, 1986, pp. 55-88.

JEMOLO, ARTURO CARLO, *I concetti giuridici.* En: «Atti della Reale Accademia delle Scienze di Torino», 18 (1939-1940) pp 1-19.

JOHANSSON, INGVAR, *Searle's Monadological Construction of Social Reality.* Actas del Congreso: Applied Ontology. A Marvin Färber Conference on Law and Institutions in Society. Buffalo, 24-25 Abril 1998.

JONAS, HANS, *Das Prinzip Verantwortung.* Frankfurt am Main, Insel, 1979.

JORI, MARIO, *Saggi di metagiurisprudenza.* Milano, Giuffre 1985.

JORI, MARIO, *In margine all'ultimo Conte.* En: «Materiali per una storia della cultura giuridica», 2 (1986), pp. 443-469.

KALINOWSKI, GEORGES, *La logique des normes d'Edmund Husserl,* En. «Archives de Philosophie du Droit», 10 (1965), pp. 107-116. Reedición en: Kalinowski, Georges, *Études de logique déontique I (1953-1969).* Paris, Librairie générale de droit et de jurisprudence, 1972, pp. 111.122.

KALINOWSKI, GEORGES, *Edmund Husserl sur les normes. L'ebauche d'une théorie de la science normative et d'une logique des normes.* En: Krawietz, Werner / Ott, Walter (eds.), *Formalismus und Phänomenologie im Rechtsdenken der Gegenwart. Festgabe für Alois Troller zum 80. Geburtstag.* Berlin, Duncker und Humblot, 1987, pp. 185-200.

KALINOWSKI, GEORGES, *Les performatifs en droit. Sur la distinction entre le langage prescriptif et le langage performatif.* En: di Bernardo, Giuliano (ed.), *Normative Structures of thè Social World.* Amsterdam, Rodopi, 1988, pp. 205-221.

KALINOWSKI, GEORGES, *Sur la distinction entre le descriptif et le normatif. Remarques à propos de l'erreur de Hume de Jean-Louis Gardies.* En: «Archives de philosophie du droit», 33 (1988), pp. 387-397.

KANT, IMMANUEL, *Metaphysik der Sitten. Königsberg,* Friedrich Nicolovius, 1797. Riedizione En: Kant, Immanuel, *Sämtliche Werke.* Herausgegeben von Karl Vorländer. Dritter Band, Vierte Auflage. Lepzig, Felix Meiner, 1922.

KAUFMANN, ARTHUR, *La struttura ontologica del diritto.* En: «Rivista internazionale di filosofia del diritto», 39 (1962), pp. 549-582.

KELSEN, HANS, *El contrato y el tratado analizados desde el punto de vista de la teoria pura del derecho.* Traducción castellana de Eduardo Garcia Mâynez. México, Imprenta Universitaria, 1943.

KELSEN, HANS, *Teoria pura del diritto e teoria egologica.* Traducción italiana de C. Mandrioli. En: «Jus», 5 (1954), pp. 301-332.

KELSEN, HANS / COSSIO, CARLOS, *Problemas escogidos de la teoria pura del derecho. Teoria egológica y teoria pura.* Buenos Aires, Guillermo Kraft, 1952.

KELSEN, HANS / TREVES, RENATO, *Formalismo giuridico e realitá sociale.* A cargo de Stanley L. Paulson, Napoli, ESI, 1992.

KERSTING, WOLFGANG, *Wohlgeordnete Frieheit. Immanuel Kants Rechts- und Staatsphilosophie.* Berlin, Walter de Gruyter, 1984.

KEVELSON, ROBERTA, *Language and Legal Speech Acts: Decisions.* En: Di Pietro, Robert J. (ed.), *Linguistics and the Professions: Proceedings of the Second Annual Delaware Symposium on Language Studies.* Norwood, Ablex Publishing Corporation, 1982, pp. 121-131.

KOCOUREK, ALBERTO, *Natura e specie dei rapporti giuridici.* En: «Rivista internazionale di filosofia», 1 (1921), pp. 21-36.

KÖRNER, STEPHEN, *Über Sprachspiele und rechtlische Institutionen.* En: Morscher, E. / Stranzinger, R. (eds.), *Ethik, Grundlagen, Probleme und Anwendung.* Wien, Hölder-Pichler-Tempsky, 1981.

KRAFT, VICTOR, *Foundations for a Scientific Analysis of Value. A cargo de Henk L. Mulder*. Traducción inglesa de Elizabeth Hughes Schneewind. Dordrecht, D. Reidel, 1981.

KRAWIETZ, WERNER / WRÓBLEWSKI, JERZY (eds.), *Sprache, Performanz und Ontologie des Rechts. Festgabe für Kazimierz Opalek zum 75. Geburtstag*. Berlin, Duncker & Humblot, 1993.

KÜNNE, WOLFGANG, *Abstrakte Gegenstände*. Frankfurt am Main, Suhrkamp, 1983. 107.

KURODA, WATARU, *Phenomenology and Grammar*. En: «Analecta Husserliana», 8 (1978), pp. 89-107.

KURZON, DENNIS, *It Is Hereby Performed ... Explorations in Legal Speech Acts*. Amsterdam, Benjamins, 1987.

KUSCH, MARTIN, *The Sociophilosophy of Folk Psychology*. En: «Studies in History and Philosophy of Science» , 28 (1977), pp. 1-25.

LAMPE, ERNST-JOACHIM, *Juristische Semantik*. Bad Homburgo vor der Höbe, Gehlen, 1970.

LARENZ, KARL, *Methodenlehre der Rechtswissenschaft*. Berlin, Springer, 1960.

LARENZ, KARL, *Der Rechtssatz als Bestimmungssatz*. En: Bockelmann, P. / Kaufmann, A. / Klug, Ulrich (eds.), *Festschrift für Karl Engisch zum 70. Geburtstag*. Frankfurt am Main, Klostermann, 1969, pp. 150-160.

LARENZ, KARL, *Originäre Rechtssachverhalte*. En: *Phänomenologie Rechtsphilosophie Jurisprudenz. Festschrift für Gerhart Husserl zum 75. Geburtstag*. Frankfurt am Main, Klostermann, 1969, pp. 132-151.

LA TORRE, MASSIMO, *Linguaggio, norme, istituzioni. Contributo a una teoria istituzionalistica del diritto*. Firenze, European University Institute, 1995.

LAZZARO, GIORGIO, *Storia e teoria della costruzione giuridica*. Torino, Giappichelli, Memorie dell'istituto giuridico di Torino, Serie II, Memoria 117, 1965.

LEDIG, GERHARD, *Zur Klärung eineger Grundbegriffe. I. Imperativ, Rat, Bitte, Beschluß, Versprechen*. En: «Internationale Zeitschrift für Theorie des Rechts», 3 (1928-1929), pp. 260-270.

LEDIG, GERHARD, *Zur Klärung eineger Grundbegriffe. II. Einigung und Vertrag*. En: «Internationale Zeitschrift für Theorie des Rechts», 4 (1929-1930), pp. 91-103.

LEDIG, GERHARD, *Recht, Geld, Bild, Sprache. (Strukturvergleichende Studien)*. En: «Internationale Zeitschrift für Theorie des Rechts», 4 (1932-1933), pp. 186-247.

LEE, PATRICIA A., *Impositive Speech Acts*. En: «Workings Papers in Linguistics», 21 (1976), pp. 98-144.

LEGAULT, GEORGES A., *La structure performative du langage juridique*. Montréal, Les Press de l'Université de Montréal, 1977.

LEMMON, EDWARD JOHN, *On Sentences Verifiable by Their Use*. En: «Analysis», 22 (1962), pp. 86-89.

LEONARDI, PAOLO, *Sulle, regole*. Verona. Libreria Universitaria Editrice, 1983.

LEVI, ALESSANDRO, *Diritto e linguaggio*. En: *Studi filosofico-giuridici dedicati a Giorgio del Vecchio nel XXV anno di insegnamento (1904-1929)*. Modena, Società Tipografica Modenese, vol. II., 1931, pp. 44-62.

LEYDEN, WOLFGANG VON, *Parry on Performatives and Obligation in Hobbes*. En: «The Philosophical Quarterly», 23 (1973), pp. 258-259.

LLAMBÌAS DE AZEVEDO, JUAN, *Eidètica y aporética del derecho*. Buenos Aires, Espasa-Calpe, 1958.

LOCKE, JOHN, *An Essay Concerning Human Understanding*. London, Eliz. Holt, 1690. Riedizione a cura di Peter H. Nidditch: Oxford, Clarendon Press, 1990.

LOMBARDI VALLAURI, LUIGI, *Saggio sul diritto giurisprudenziale*. Milano, Giuffrè, 1967, 1975.

LORINI, GIUSEPPE, *Dimensioni giuridiche dell'istituzionale*. Padova, CEDAM, 1999.

LORINI, GIUSEPPE, *La fiducia nelle istituzioni*. En: Galli, Giuseppe (ed.), *Interpretazione e fiducia. XIX Colloquio sulla interpretazione. Macerata, 30-31 Marzo 1998*. Pisa, Giardini, 1999, pp. 135-149.

LORINI, GIUSEPPE, *Una fenomenologia analitica della promessa*. En: «Rivista internazionale di filosofia del diritto», 76 (1999), pp. 285-316.

LUNDQUIST, LIT A, *Indefinite Noun Phrases in Legal Texts: Use, Function and Construction of Mental Spaces*. En: «Journal of Pragmatics», 23 (1995), pp. 7-29.

MACCORMICK, DAVID NEIL, *Law as Institutional Fact*. En: «Law Quarterly Review», 90 (1974), pp. 102-129. Reedición en MacCormiuk, David Neil / Weinberger, Uta, *An Institutional Theory of Law*. A cargo de Ruth Adler e David Neil MacCormick: Dordrecht, Reidel, 1986, pp. 49-76.

MACCORMICK, DAVID NEIL, *Further Thoughts on Institutional Facts*. En: «International Journal for the Semiotics of Law», 5 (1992), pp. 3-15.

MACCORMICK, DAVID NEIL, *Norms, Institutions, and Institutional Facts*. En: «Law and Philosophy», 17 (1998), pp. 301-345.

MACCORMICK, DAVID NEIL / BANKOWSKI, ZENON, *La théorie des actes de langage et la théorie des actes juridicques*. En: Amselek, Paul (ed.), *Théorie des actes de langage, éthique et droit*. Paris, PUF, 1986, pp. 195-209.

MACCORMICK, DAVID NEIL / WEINBERGER, OTA, *Grundlagen des institutionalistischen Rechtspositivismus*. Berlin, Duncker und Humblot, 1985. Edición inglesa a cargo de Ruth Adler e David Neil MacCormick: An Institutional Theory of Law. Dordrecht, Reidel, 1986.

MACHADO NETO, A. L., *Imperativismo giuridico e teoria egologica*. En: «Rivista internazionale di filosofia del diritto», 47 (1970), pp. 205-224.

MAIHOFER, WERNER, *Droit naturel et nature des choses*. En: «Archiv für Rechts- und Sozialphilosophie», 51 (1965), pp. 233-264.

MAIHOFER, WERNER, *Droit et nature des choses dans la philosophie allemande du droit*. En: *Droit et Nature des Choses. Travaux du Colloque de Philosophie du droit comparée (Toulouse, 16-21 septembre 1964)*. Paris, Dalloz, 1965, pp. 103-120 e pp. 124-136.

MANDELBAUM, MAURICE, *Societal Facts*. En: «British Journal of Sociology», 6 (19-55), pp. 305-316.

MANFREDI. M., *Performativitá e realismo giuridico in David Hume*. En: «Paradigmi», 28 (1992), pp. 79-112.

MANIGK, A., *Über Rechtswirkungen und juristische Tatsachen. Ein Beitrag zur Lehre von der Willenserklärung*. En: «JheringsJahrbücher für die Dogmatik des bürgerlichen Rechts», 13 (1905).

MARTINO, ANTONIO ANSELMO, *Definiciones legales*. En: Warat, Luis Alberto / Martino, Antonio Anselmo, *Lenguaje y definición jurídica*. Buenos Aires, Cooperadora de derecho y ciencias sociales, 1973, pp. 59-90.

MARTY, ANTON, *Untersuchung zur Grundlegung der allgemeinen Grammatik und Sprachphilosophie*. Halle a. S., Max Niemeyer, 1908.

MARX, KARL, *Debatten über das Holzdiebstahls-Gesetz*. «Rheinische Zeitung.» Nr. 298, 25. Oktober 1842. Reedicción en: Karl Marx, *Werke. Artikel Literarische Versuche bis März 1843*. Berlin, Dietz, 1975, pp. 199-205.

MARX, CARLOS, *Escritos de juventud*. Traducción castellana de Wenceslao Roces. México, Fondo de Cultura Económica, 1982.

MASCHI, CARLO ALBERTO, *La concezione naturalistica del diritto e degli istituti giuridici romani*. Milano, Vita e pensiero 1937.

MASULLO, ALDO, *Struttura soggetto prassi*. Napoli, Edizioni Scientifiche Italiane, 1994.

MATHIEU, VITTORIO, *Filosofia del denaro*. Roma, Armando, 1985.

MAZZARELLA, GIUSEPPE, *Gli elementi irriduttibili dei sistemi giuridici*. Catania, Vincenzo Giannotta, 2 voli., 1918-1920.

MEGGLE, GEORG, *Eine konventionelle Handlung verstehen*. En: «Rechtstheorie», 21 (1990), pp. 441-458.

MEINONG, ALEXIUS, *Über Gegenstände höherer Ordnung und deren Verhältnis zur inneren Wahrnehmung*. «Zeitschrift für Psychologie und Physiologie der Sinnesorgane», 21 (1899). pp. 182-272. Reedición en: *Alexius Meinong Gesamtausgabe*. Herausgeber Rudolf Haller und Rudolf Kindinger gemeinsam mit Roderick M. Chisholm. Band II: *Abhandlungen zur Erkenntnistheorie und Gegenstandstheorie*. Bearbeitet von Rudolf Haller. Graz, Akademische Druck- und Verlagsanstalt, 1971, pp. 377-471.

MEINONG, ALEXIUS, *Über Gegenstandstheorie*. En: Meinong, Alexius (ed.), *Untersuchungen zur Gegeiistantstheorie und Psychologie*. Leipzig, J. A. Barth, 1904, pp. 1-50. Reeditado en: *Alexius Meinong Gesamtausgabe*. Herausgeber Rudolf Haller und Rudolf Kindinger gemeinsam mit Roderick M. Chisholm. Band II: Abhandlungen zur Erkenntnistheorie und Gegenstandstheorie. Bearbeitet von Rudolf

Haller. Graz, Akademische Druck- und Verlagsanstalt, 1971, pp. 481-530. Traducción castellana de Eduardo García Máynez: La teoría del objeto. México, Universidad Nacional Autónoma de México, 1981.

MEINONG, ALEXIUS, *Über die Stellung der Gegenstandstheorie im System der Wissenschaften*. Erster Artikel: «Zeitschrift für Philosophie und philosophische Kritik», 129 (1906), pp. 48-94. Zweiter Artikel: «Zeitschrift für Philosophie und philosophische Kritik», 129 (1906), pp. 155-207. Dritter Artikel: «Zeitschrift für Philosophie und philosophische Kritik», 130 (1907), pp. 1-46. Sonderausgabe: Leipzig, R. Voigtländer, 1907. Reeditado en: *Alexius Meinong Gesamtausgabe*. Herausgeber Rudolf Haller und Rudolf Kindinger gemeinsam mit Roderick M. Chisholm. Band V: Über philosophische Wissenschaft und ihre Propädeutik. *Über die Stellung der Gegenstandstheorie im System der Wissenschaften. Über die Erfahrungsgrundlagen unseres Wissens. Zur Erweise des allgemeinen Kausalgesetzes*. Bearbeitet von Roderick M. Chisholm. Graz, Akademische Druck- und Verlagsanstalt, 1973, pp. 205-365.

MELA, AGOSTINO, *Il concetto di possesso. Un'indagine di teoria generale del diritto*. Torino, Giappichelli, 1993.

MERTZ, ELIZABETH, *A New Social Constructionism for Sociolegal Studies*. En: «Law & Society Review», 28 (1994), pp. 1243-1265.

MESSINETTI, DAVIDE, *Oggettività giuridica delle cose incorporali*. Milano, Giuffrè, 1970.

MICHIELS, GOMMAIRE, *Mariage-contrat ou mariage-institution?* En: «Apollinaris», 33 (1960), pp. 103-117.

MILLÁN PUELLES, ANTONIO, *Para una fenomenología del diinero*. En: «Anuario Filosófico», 4 (1971), pp. 245-21.

MILLÁN PUELLES, ANTONIO, *Teoria del objeto puro*. Madrid, Rialp, 1990.

MILLER, DOLORES, *Constitutive Rules and Essential Rules*. En: «Philosophical Studies», 39 (1983), pp. 183-197.

MIRÓ QUESADA, FRANCISCO, *El formalismo y las ciencias normativas*. En: «Dianoia», 2 (1959), pp. 270-281.

MOORE, GEORG EDWARD, *Principia Ethica*. Cambridge, Cambridge University Press, 1903.

MOORE, MICHAEL S., *Act and Crime. The Philosophy of Action and Its Practical Implication for Criminal Law*. Oxford, Clarendon, 1993.

MORITZ, MANFRED, *Reflexionen zur Theorie der performativen Sàtze. Lund,* Filosofiska Institutionen vid Lund Universitet, 1970.

MORONI, STEFANO, *Regole tecnonomiche e natura delle cose immobili. Considerazioni a partire da un saggio di Emanuele Tortoreto.* En: «Sociologia del diritto», 24 (1997), pp. 147-163.

MORPURGO-TAGLIABUE, GUIDO, *Fenomenologia del giudizio giuridico.* En: *Scritti in onore di Cleto Carbonara.* Napoli, Giannini, 1976, pp. 541-580.

MOTTA, RICCARDO, *Intorno ai concetti giuridici e antropologici. Occidente e altri «blocchi culturali» a confronto.* En: «Materiali per una storia della cultura giuridica», 25 (1995), pp. 417-437.

MOUNIN, GEORGES, *La linguistique comme science auxiliaire dans le disciplines juridiques.* En: «Archives de philosophie du droit», 19 (1974), pp. 7-18.

MULLIGAN, GLENN / LEDERMAN, BOBBIE, *Social Facts and Rules of Practice.* En: «American Journal of Sociology», 83 pp. 539-550.

MULLIGAN, KEVIN, *Promising and Other Social Acts: Their Constituents and Structure.* En: Mulligan. Kevin (ed.), *Speech Act and Sachverhalt. Reinach and the Foundation of Realist Phenomenology.* The Hague, Nijhoff, 1986, pp. 29-90.

MULLIGAN, KEVIN (ed.), *Speech Act and Sachverhalt. Reinach and the Foundation of Realist Phenomenology.* The Hague, Nijhoff, 1986.

MULLOCK, PHILIP, *Nullity and Sanction.* En: «Mind», 83 (1974), pp. 439-441.

NEF, FRÉDÉRIC, *L'objet quelconque. Recherches sur l'ontologie de l'objet.* Paris, Vrin, 1998.

NOTTURNO, M. A., *Objectivity, Rationality, and the Third Realm: Justification and the Grounds of Psychologism. A Study of Frege and Popper.* Dordrecht, Nijhoff, 1985.

NOWAK, LESZEK, *Performatywy a jezyk prawny i etyczny. [Los performativos y el lenguaje jurídico y ético.]* En: «Etyka», 3 (1968), pp. 147-158.

NOWAK, LESZEK / WRONKOWSKA-JASKIE WICZ, SLAWOMIRA / ZIELINSKI, MACIEJ / ZIEMBINSKI, ZYGMUNT,

Czynnosci konwencjonalne w prawie. En: «Studia prawnicze Instytutu Nauk Prawnych», 33 (1972), pp. 73-99. Traducción inglesa: *Conventional Acts in Law.* En: Ziembmoki, Zygmunt (ed.), *Polish Contributions to Theory and Philosophy of Law.* Amsterdam, Rodopi, 1987, pp. 115-135.

O'HAIR, S. G., *Performatives and Sentences Verifiable by Their Use.* En: «Philosophy and Phenomenological Research», 27 (1966-1967), pp. 299-303.

OLIVECRONA, KARL, *Election and Creation.* En: *Studi in onore di Emilio Betti.* Vol. I. *Metodologia, ermeneutica, problemis generali.* Milano, Giuffré, 1962, pp. 383-388.

OLIVECRONA. KARL. *Legal Language and Reality.* En: Newman, Ralph (ed.), *Essays in Jurisprudence in Honor of Roscoe Pound.* New York, Bobbs-Merrill, 1962, pp. 151-191.

OLIVECRONA, KARL, *Rättsordningen. Idéer och fakta.* Lund, Gleerup, 1966. Traduzione inglese: *Law as Fact.* London, Stevens & Sons, 1971.

OPALEK, KAZIMIERZ, *«Doing Things with Words» and the Law.* En: «Anuario de filosofia del derecho», 17 (1973-1974), pp 233-243.

OPALEK, KAZIMIERZ, *Normen und performative Akte.* En: Krawietz, Werner / Ott, Walter (eds.), *Formalismus und Phänomenologie im Rechtsdenken der Gegenwart. Festgabe für Alois Troller zum 80. Geburtstag.* Berlin, Duncker und Humblot, 1987, pp 243-256.

OPALEK, KAZIMIERZ, *Directives, Norms, and Performatives.* En: di Bernardo, Giuliano (ed.), *Normative Structures of the Social World.* Amsterdam, Rodopi, 1988, pp. 182-204.

OPOCHER, ENRICO, *Lezioni di filosofia del diritto. La realtà giuridica e il problema della sua validità.* Padova, CEDAM, 1976.

PALOMBELLA, GIANLUIGI, *Diritto e artificio in David Hume.* Milano, Giuffrè, 1984.

PARRY, GERAINT, *Performative Utterance and Obligation in Hobbes.* En: «The Philosophical Quarterly», 17 (1967) pp 246-254.

PARSONS, TERENCE, *Nonexistent Objects.* New Haven, Yale University Press, 1980.

PATTARO, ENRICO, *Il realismo giuridico scandinavo. I.* Axel Hägerström. Bologna, Cooperativa Libraria Universitaria Editrice, 1975.

PATTARO, ENRICO, *Non si fanno cose con parole. Gli atti negoziali secondo. A. Hägerström.* En: «Sociologia del diritto», 3 (1981), pp. 25-42.

PAULSON, STANLEY L., *Demystifying Reinach's Legal Theory.* En: Mulligan, Kevin (ed.), *Speech Act and Sachverhalt. Reinach and the Foundation of Realist Phenomenology.* The Hague, Nijhoff, 1986, pp. 133-154.

PECZENIK, ALEKSANDER HENRYK, *On Law and Reason.* Dordrecht, Kluwer, 1989.

PEREZ RUIZ, CARLOS, *La construcción social del derecho.* Sevilla, Universidad de Sevilla, 1996.

PETIT, JEAN-LUC, *Pour une phénoménologie linguistique de l'action.* En: «Revue de Métaphysique et de Morale», 84 (1979), pp. 397-403.

PETIT, JEAN-LUC (éd.), *La querelle des normes.* Caen, Presses universitaires de Caen, 1995.

PICARD, EDMOND, *Les Constantes du Droit.* Paris, Flammarion, 1921.

PINTORE, ANNA, *La teoria analitica dei concetti giuridici.* Napoli, Jovene, 1990.

PIOVANI, PIETRO, *La filosofia del diritto come scienza filosofica.* Milano, Giuffrè, 1963.

PITSON, A. E., *Hume on Promise and Their Obligation.* En: «Hume Studies», 14 (1988), pp. 176-190.

POLLASTRO, PIERO, *Fenomenologia delle regole costitutive.* En: «Materiali per una storia della cultura giuridica», 13 (1983), pp. 233-262.

POPPER, KARL RAIMUND, *Objective Knowledge. An Evolutionary Appproach.* Oxford, Clarendon, 1972.

PORRA RENGEL, JUAN F., *Metafísica del Conocimiento y de la Acción.* Caracas, Fondo de Cultura Económica, 1976.

POULANTZAS, NICOS AR., *Notes sur la phénoménologie et l'existentialisme juridique.* En: «Archives de philosophie du droit», 8 (1963), pp. 231-235.

POULANTZAS, NICOS AR., *Nature des choses et droit. Essai sur la dialectique du fait et de la valeur.* Paris, LGDJ, 1965.

PRICE, RICHARD, *A Review of the Principal Questions and Difficulties in Morals*. London, T. Cadell, 1787; Oxford, Oxford University Press, 1948. A cargo de David Daiches Raphael: Oxford, Clarendon Press, 1974.

PRICHARD, HAROLD ARTHUR, *Moral Obligation and Duty and Interest. Essays and Lectures. Introducción de James Opie Urmson*. Oxford, Oxford University Press, 1968.

PRIOR, ARTHUR NORMAN, *Objects of Thought*. A cura di Peter T. Geach e Anthony J. P. Kenny. Oxford, Clarendon, 1974.

PUFENDORF, SAMUEL FREIHERR VON, *De jure naturae et gentium libri octo*. Londini Scanorum, A. Junghans, 1672. Traducción francesa de Jean Barbeyrac: *Le droit de la nature et des gens, ou Système generai des principes les plus importants de la Morale, de la Jurisprudence, et de la Politique*. Paris, Briasson, 1734.

PUGLIATTI, SALVATORE, *Diritto civile. Metodo Teoria Pratica.* Milano, Giuffrè, 1951.

PUGLIESE, GIOVANNI, *Dalle «res incorporales» del diritto romano ai beni immateriali di alcuni sistemi giuridici odierni.* En: «Rivista trimestrale di diritto e procedura civile», 26 (1982), pp. 1137-1198.

QUINN, MICHAEL SEAN, *Practice-Defining Rules.* En: «Ethics», 86 (1975), pp. 76-86.

QUINTON, ANTHONY, *Social Objects.* En: «Proceedings of the Aristotelian Society», 76 (1975-1976).

RÁBADE ROMEO, SERGIO, *Hume y el fenominismo modern*. Madrid, Gredos, 1975.

RAWLS, JOHN, *Two Concepts of Rules.* En: «Philosophical Review», 64 (1955), pp. 3-32. Riedito En: Foot, Philippa Ruth (ed.), *Theories of Ethics.* Oxford, Oxford University Press, 1967, pp. 144-170.

RAY, JEAN, *Essai sur la structure logique du code civil français*. Paris, Librairie Félix Alean, 1926.

RAZ, JOSEPH, *The Concept of a Legal System. An Introduction of the Theory of Legal System.* Oxford, Clarendon, 1970.

RAZ, JOSEPH, *Practical Reason and Norms.* London, Hutchinson, 1975.

RÉCANATI, FRANÇOIS, *Les énoncés performatifs: contribution à la pragmatique*. Paris, Editions de Minuit, 1981.

RECASÉNS SICHES, LUIS, *The Material Logic of Law*. «Archiv für Rechts- und Sozial-Philosophie», 51 (1965).

RECASÉNS SICHES, LUIS, *Experiencia jurídica, naturaleza de la cosa y lógica «razonable»*. México, Fondo de cultura económica, 1971.

RÉCÉJAC, E., *Le fait Moral et le fait Social*. En: «Revue Philosophique de la France et de l'Étranger», 81 (1916), pp. 546-562.

RÉGLADE, MARC, *Valeur sociale et concepts juridique*. Paris, Sirey, 1950.

REID, THOMAS, *The Works of Thomas Reid*. Edición a cargo de William Hamilton. Edinburgh, Machlachan and Stewart, 1846. Reedición: Reid, Thomas, Philosophical Works. Nachdruck der 8. Auflage (Edinburgh, 1895): Hildesheim, Olms, 1967.

REINACH, ADOLF, *Die apriorischen Grundlagen des bürgerlichen Rechtes*. *«Jahrbuch fur Philosophie und phänomenologische Forschung»*, 1 (1913), pp. 685-847. Riedizione sotto il titolo: Zur Phänomenologie des Rechts. München, Kösel, 1953. Traducción castellana de José Luis Alvarez: *Los fundamentos apriorísticos del derecho civil*. Barcelona, Librería Bosch, 1934.

REINACH, ADOLF, *Was ist Phänomenologie?*, Müinchen, Kosel, 1951. Riedizione en: Reinach, Adolf, *Sämtliche Werke. Kristische Ausgabe und Kommentar*. München, Philosophie, 1989, pp. 531-550. Traducción castellana: *Introducción a la fenomenología*. Presentación, traducción y notas por Rogelio Rovira. Madrid, Encuentro, 1986.

REINACH, ADOLF, *Nichtsoziale und soziale Akte*. En: Adolf Reinach, *Sämtliche Werke. Kritische Ausgabe und Kommentar*. München, Philosophia, 1989, pp. 355-360.

RENARD, GEORGES, *La théorie de l'institution. Essai d'ontologie juridique*. Paris, Recueil Sirey, 1930.

RENARD, GEORGES, *Qu'est-ce que le mariage? Institution ou Contrat?* En: *Studi filosofico-giuridici dedicati a Giorgio del Vecchio nel XXV anno di insegnamento (1904-1929)*. Modena, Società tipográfica modenese, 1931, vol. II, pp. 346-358.

RENARD, GEORGES, *La philosophie de l'institution*. Paris, Recueil Sirey, 1939.

RENNER, KARL, *Die Rechtsinstitute des Privatsrecht und ihre soziale Funktion. Ein Beitrag zur Kritik des bürgerlichen Rechts*. Tübingen, J. C. B. Mohr (Paul Siebeck), 1929.

RICOEUR, PAUL, *Phénoménologie du vouloir et approche par le langage ordinaire*. En: Spiegelberg, Herbert / Avé-Lallement, Eberhard (eds.), *Pfänder-Studien*. The Hague, Martinus Nijhoff 1982, pp. 79-96.

RICOEUR, PAUL, *Les implications de la théorie des actes de langage pour la théorie générale de l'éthique*. En: Amselek, Paul (ed.), *Théorie des actes de langage, éthique et droit*. Paris, PUF, 1986, pp. 89-100.

RIEZLER, ERWIN, *Apriorisches im Recht*. En: «Archiv für Rechts- und Wirtschaftsphilosophie», 17 (1923-1924), pp. 264-284.

RIZK, HADI, *La constitution de l'étre social. Le statut ontologique du collectif dans.* La critique de la raison dialectique. Paris, PUF, 1997.

ROBILANT, ENRICO DI, *Realitá e figure nella scienza giuridica*. En: Scarpelli, Uberto (ed.), *La teoria generale del diritto. Problemi e tendenze attuali. Studi dedicati a Norberto Bobbio*. Milano, Comunità, 1983, pp. 57-80.

ROBLES, GREGORIO, *Las Reglas del Derecho y las Reglas de los Juegos. Ensayo de Teoria analitica del Derecho*. Palma de Maiorca, Facultad de Derecho de Palma de Maiorca, 1984.

ROBLES, GREGORIO, *Was ist eine Regel?* En: «Rechtstheorie», 10 (1986), pp. 325-338.

RÖD, WOLFGANG, *Erhard Weigels Lehre von den entia moralia*. En: «Archiv für Geschichte der Philosophie», 51 (1969), 58-64.

ROMANO, SANTI, *L'ordinamento giuridico*. Pisa, Mariotti, 1917.

ROMANO, SANTI, *Frammenti di un dizionario giuridico*. Milano, Giuffrè, 1947.

ROSENKRANTZ, GARY S., *Haecceity: An Ontological Essay*. Dordrecht, Kluwer, 1993.

ROSENWALD, JURIS, *The Phenomenological Ontology of the Göttingen Circle*. En: «Analecta Husserliana». 27 (1989), pp. 11-35.

ROSS, ALF NIELS CHRISTIAN, *Tu-tu*. En: *Festskrift till professor dr. juris Henry Ussing*. Kobenhavn, 1951, pp. 468-484. Reedición en: «Scandinavian Studies in Law», 1957, pp. 137-153; y en: «Harvard Law Review», 70 (1957), pp. 812-825.

ROSS, ALF NIELS CHRISTIAN, *Om ret og retfasrdighed*. Kobenhavn, Nyt Nordisk Forlag Arnold Busck, 1953. Traducción inglesa de Margaret Dutton a cargo de Max Knight: *On Law and Justice*. London, Stevens, 1958.

ROSS. ALF NIELS CHRISTIAN, *Directives and Norms*. London, Routledge and Kegan Paul, 1968.

ROSS, ALF NIELS CHRISTIAN, *The Rise and Fall of the Doctrine of Performatives*. En: Olson, Raymond E. / Paul, Anthony M. (eds.), *Contemporary Philosophy in Scandinavia*. London, Johns Hopkins University Press, 1972, pp. 197-212.

ROSSETTI, ANDREA, *Deontica in Jean-Louis Gardies*. Padova, CEDAM, 1999.

ROTA, GIAN- CARLO, *The Cemcept of Mathematical Truth*. En: «Review of Metaphysics», 44 (1991), pp. 483-494.

ROTTLEUTHNER, HUBERT, *Rechtstheorie und Rechtssoziologie*. München, Karl Alber, 1981.

ROULAND, NORBERT, *Anthropologie juridique*. Paris, P.U.F., 1988.

RUBEN, DAVID-HILLEL, *Searle on Institutional Obligation*. En: «The Monist», 56 (1972), pp. 600-611.

RUBEN, DAVID-HILLEL, *The Existence of Social Entities*. «The Philosophical Quartely», 32 (1982), pp. 295-310.

RUBEN, DAVID-HILLEL, *Social Wholes and Parts*. «Mind», 92 (1983), pp. 219-238.

RUBEN, DAVID-HILLEL, *The Metaphysics of the Social World*. London, RKP, 1985.

RUIZ GIMÉNEZ, JOAQUÍN, *La concepción institucional del derecho*. Madrid, Instituto de Estudios Políticos, 1944.

RUITER, DICK W. P., *Institutional Legal Facts*. Dordrecht, Kluwer, 1993.

RUITER, DICK W. P., *Structuring Legal Institutions*. En: «Law and Philosophy», 17 (1998), pp. 215-232.

RYLE, GILBERT, *Dilemmas*. Cambridge, Cambridge University Press. 1954.

SACCO, RODOLFO, *Il diritto muto*. En: «Rivista di diritto civile», 39 (1993), pp. 489-702.

SACCO, RODOLFO, *L'occupazione, atto di autonomia*. En: «Rivista di diritto civile», 40 (1994), pp. 343-358.

SACK, PETER, *Norms, Facts and the 'Structure' of Social Reality*. En: «Rechtstheorie», 20 (1989), pp. 303-321.

SAMEK, ROBERT, *Performative Utterances and the Concept of Contract.* En: «Australasian Journal of Philosophy», 43 (1965), pp. 196-210.

SAMPSON, GEOFFREY R., *Pragmatic Self-Verification and Performatives.* En: «Foundations of Language», 7 (1971), pp. 300-302.

SAMUEL, GEOFFREY, *Epistemology and Legal Institutions.* En: «International Journal for the Semiotics of Law», 4 (1991), pp. 309-333.

SANDER, FRITZ, *Rechtsdogmatik oder Theorie der Rechtserfahrung?* Wien, Franz Deuticke, 1921.

SANDERSON, ROBERT, *De juramenti promissorii obligationes praelectiones septem.* Londini, 1647.

SANTAMBROGIO, MARCO, *Una nota sugli operatori deontici e gli atteggiamenti proposizionali.* En: «Rivista di filosofia», 67 (1976), pp. 199-216.

SANTAMBROGIO, MARCO, *Il nominalismo in etica.* En: Lecaldano, Eugenio / Veca, Salvatore (eds.), *Utilitarismo oggi.* Roma-Bari, Laterza, 1986, pp. 143-164.

SARTRE, JEAN-PAUL, *La critique de la raison dialectique.* Paris, Gallimard, 1960.

SAVIGNY, FRIEDRICH CARL VON, *System des heutigen römischen Rechts.* Berlin, 1840-1841. Reedición: Darmstadt, Geutner, 1956.

SAVOINI, GIAN PIETRO, *Alf Ross: Realismo giuridico e analisi filosofica.* En: «Materiali per una storia della cultura giuridica», 12 (1982), pp. 525-532.

SCARPELLI, UBERTO, *Filosofia analitica e giurisprudenza.* Milano, Nuvoletti, 1953.

SCARPELLI, UBERTO, *Contributi alia semantica del linguaggio normativo.* «Memoria dell'Accademia delle Scienze di Tormo», serie III, tomo 5, Torino, 1959. Riedizione: Milano, Giuffré, 1985.

SCHAPP, WILHELM, *Die neue Wissenschaft vom Recht. Eine phänomenologische Untersuchung.* 1. *Der Vertrag als Vorgegebenheit.* Berlin, Dr. Walther Rothschild, 1930. Traducción castellana de J. Pérez Bances: La nueva ciencia del derecho. Madrid, Revista de Occidente, 1931.

SCHELER, MAX, *Der formalismus in der Ethik und die materiale Wertethik.* Halle a.d. Saale, M. Niemeyer, 31927.

SCHMITT, CARL, *Über die drei Arten des rechtswissenschaftlichen Denkens*. Hamburg, Hanseatische Verlagsanstalt, 1934.

SCHNUR, ROMAN (ed.), *Institution und Recht*. Darmstadt, Wissenschaftliche Buchgesellschaft, 1968.

SCHREIER, FRITZ, *Grundbegriffe und Grundformen des Rechts*. Leipzig, Franz Deuticke, 1924. Traduzione castigliana: *Conceptos y formas fundamentales del derecho: esbozo de una teoría formal del derecho y del estado sobre base fenomenológica*. México, Editora Nacional, 1975.

SCHÜTZ, ALFRED, *Der sinnhafte Aufbau der sozialen Welt*. Wien, Springer, 1960.

SCHWYZER, HUBERT, *Rules and Practices*. En: «Philosophical Review», 78 (1969), pp. 451-467.

SEARLE, JOHN ROGERS, *How to Derive «Ought» from «Is»*. En: «Philosophical Review», 73 (1964), pp. 43-58.

SEARLE, JOHN ROGERS, *Speech Acts. An Essay in the Philosophy of Language*. Cambridge, Cambridge University Press, 1969. Traducción castellana di Luis M. Valdés Villanueva: *Actos de habla*. Madrid, Cátedra, 1990.

SEARLE, JOHN ROGERS, *The Construction of Social Reality*. London, Allen Lane, 1995. Traducción castellana con prólogo de Antoni Doménech: *La construcción de la realidad social*. Barcelona, Paidós, 1997.

SEMPRINI, ANDREA, *L'objet comme procès et comme action. De la nature et de l'usage des objets dans la vie quotidienne*. Paris, L'Harmattan, 1995.

SERRANO PIRELA, ALBERTO E., *Las ontologías regionales en la teoría egológica de Cossio*. En: «Anuario Filosófico», 4 (1971), pp. 347-362.

SIKORA, R. I., *Facts, Promising and Obligation*. En: «Philosophy», 50 (1975), 352-355.

SIMMONDS, N. E., *The Decline of Juridical Reason*. Manchester, Manchester University Press, 1984.

SIMONS, Peter, *Parts*. Oxford, Clarendon, 1987.

SLOMAN, AARON, *Transformations of Illocutionary Acts*. En: «Analysis», 30 (1969), pp. 56-59.

SMITH, BARRY, *Ingarden vs. Meinong on the Logic of Fiction*. En: «Philosophy and Phenomenological Research», 41 (1980), pp. 93-105.

SMITH, BARRY, *Social Objects*. 1997. [Manuscrito.]

SMITH, BARRY, *Ontologo, il mestiere del futuro*. En: «Il Sole - 24 ore», domenica 24 maggio 1998, p. 35.

SMITH, BARRY (ed.), *Parts and Moments. Studies in Logic and Formal Ontology*. München, Philosophia, 1982.

SMITH, DAVID WOODRFF, *Meinongian Objects*. En: «Grazer philosophische Studien», 1 (1975), pp. 43-71.

SMITH, J. C., *Legal Obligation*. London, Athlone Press, 1976.

SMOLAK, MAREK, *Czeslaw Znamierowski on Rights Positions*. 1996 (Manuscrito).

SNARE, FRANCK, *The Concept of Property*. En: «American Philosophical Quarterly», 9 (1972), pp. 200-206.

SNARE, FRANCK, *Consent and Conventional Acts in John Locke*. En: «Journal of History of Philosophy», 13 (1975), pp. 27-36.

SOMLO, FELIX, *Juristische Grundlehre*. Leipzig, Felix Meiner 1927.

SPAAK, TORBEN, *The Concept of Legal Competence. An Essay in Conceptual Analysis*. Dartmouth, Gower House, 1994.

SPIEGELBERG, HERBERT, *The Phenomenological Movement. A Historical Introduction*. The Hague, Martinus Nijhoff, 1960.

SPIEGELBERG, HERBERT, *«Linguistische Phänomenologie»: John L. Austin und Alexander Pfänder*. In Spegelberg , Herbert / Avé-Lallement, Eberhard (eds.), *Pfänder Studien*. The Hague, Martinus Nijhoff, 1982, pp. 251-261.

SPIEGELBERG, HERBERT, *Sollen und Dürfen*. Dordrecht, Reidel, 1989.

STAMMLER, RUDOLF, *Lehrbuch der Rechtsphilosophie*. Berlin, W. de Gruyter, 21923. Traducción castellana de Wenceslao Roces: *Tratado de filosofía del derecho*.Madrid, Reus, 1930

STEIN, EDITH, *Eine Untersuchungen über den Staat*. En: «Jahrbuch für Philosophie und phänomenologische Forschung», 7 (1925), pp. 1-123.

STELLA, GIULIANA, *I giuristi di Husserl. L'interpretazione fenomenologica del diritto*. Milano, Giuffrè, 1990.

STOCKER, MICHAEL, *Moral Duties, Institutions, Natural Facts*. En: «The Monist», 54 (1970), pp. 602-624.

STOLJAR, SAMUEL JACOB, *Moral and Legal Reasoning*. London, Macmillan, 1980.

STONE, JULIUS, *«The Nature of Things» on the Way to Positivism? Reflections on a «Concrete Natural Law»*. En: «Archiv für Rechts- und Sozialphilosophie», 50 (1964), pp. 145-165.

STRATENWERTH, GÜNTHER, *Das teoretische Problem der «Natur der Sache»*. Tübingen, J. C. B. Mohr, 1957.

STRÖMHOLM, STIG / VOGEL, H. H., *Le «Réalisme scandinave» dans la philosophie du droit*. Paris, LGDJ, 1975.

STRÖMBERG, TORE, *Kompendium i rättfilosofiens historia*. Lund, 1962.

STRÖMBERG, TORE, *Inleding tili den allmänna rättläran*. Lund, 41970.

TAMAYO Y SALMORÁN, ROLANDO, *Lenguaje del derecho y demiurgía jurídica. (Entre actos ilocutionarios y actos mágicos)*. En: «Crítica jurídica», 13 (1993), pp. 195-225.

TARELLO, GIOVANNI, *Diritto, enunciati, usi*. Bologna, Il Mulino, 1974.

TEBALDESCHI, IVANHOE, *Validità ed efficacia della norma giuridica*. En: «Rivista internazionale di filosofia del diritto», 37 (1960), pp. 293-299.

TEDESCHI, STENO, *Intorno agli oggetti del pensiero*. En: «Rivista di filosofia», 4 (1912), pp. 107-118.

THOMAS, YAN, *Fictio Legis. L'empire de la fiction romaine et ses limites médiévales*. En: «Droits», 21 (1995), pp. 17-63.

THOMPSON, MANLEY, *Abstract Entities*. En : «The Philosophical Review » 69 (1960), pp. 331-350.

THON, AUGUST, *Rechtsnorm und subjectives Recht*. Weimar, Böhlau, 1878.

TIMPANARO, SEBASTIANO. *A proposito del parallelismo tra lingua e diritto*. En: «Belfagor», 18 (1963), pp. 1-14.

TODESCAN, FRANCO, *Diritto e realtà. Storia e teoria della fictio juris*. Padova, Cedam, 1979.

TORTORETO, EMANUELE, *Forme, qualità e relazioni degli immobili. Profili giuridici*. Milano, Franco Angeli, 1996.

TREVES, RENATO, *Il problema dell'esperienza giuridica e la filosofia dell'immanenza di G. Schuppe*. Milano, Giuffrè, 1938.

TROSBORG, ANNA, *Statutes and Contracts: An Analysis of Legal Speech Acts in the English Language of the Law*. En: «Journal of Pragmatics», 23 (1995), pp. 31-53.

TUOMELA, RAIMO, *Ruben and the Metaphysics of the Social World*. En: «British Journal of Philosophy of Science», 40 (1989), pp. 261-273.

TUOMELA, RAIMO, *The Social Dimension of Action Theory*. En: «Daimwn», 3 (1991), pp. 145-158.

TWARDOWSKI, KAZIMIERZ, *Zur Lehre vom Inhalt und Gegenstand der Vorstellungen. Eine psychologische Untersuchung*. Wien, Alfred Holder, 1894.

VALOR YÉBENES, JUAN ANTONIO, *Hume, Popper: el conocimiento de las determinaciones del objeto*. En: «Anales del seminario de metafísica», 31 (1997), p. 41-71.

VENDLER, ZENO, *Res cogitans. An Essay in Rational Psychology*. Ithaca (New York), Cornell University Press, 1972.

VERNENGO, ROBERTO J., *Investigación sobre la naturaleza del conocimiento jurídico*. Buenos Aires, Cooperadora de derecho y ciencias sociales, 1973.

VILANOVA, JOSÉ MARÍA, *El derecho como objeto cultural*. En: «Universidad», 25 (1952).

VILANOVA, JOSÉ MARÍA, *Los enfoques pragmático y fenomenológico del derecho*. En: «La Ley», 92 (1958), pp. 700-710.

VILLA, VITTORIO, *Teorie della scienza giuridica e teorie delle scienze naturali*. Modelli ed analogie. Milano, Giuffré, 1984.

VILLEY, MICHEL, *La nature des choses dans l'histoire de la philosophie du droit*. En: *Droit et Nature des Choses*. Travaux du Colloque de Philosophie du droit comparée (Toulouse, 16-21 septembre 1964). Paris, Dalloz, 1965, pp. 69-100.

VILLEY, MICHEL, *La nature des choses*. En: Villey, Michel, *Seize essais de philosophie du droit dont un sur la crise universitaire*. Paris, Dalloz, 1969, pp. 38-59.

VILLEY, MICHEL, *Ontologie juridique*. En: Villey, Michel, *Seize essais de philosophie du droit dont un sur la crise universitaire*. Paris, Dalloz, 1969, pp. 85-93.

VITEK, WILLIAM JOSEPH, *Promise as Practice*. Tesis de doctorado: City University of New York, 1989.

WAISMANN, FRIEDRICH, *The Logical Force of Expression*. En: «Grazer philosophische Studien», 10 (1980), pp. 7-20.

WEILER, GERSHOM, *Hobbes and Performatives*. En: «Philosophy», 45 (1970), pp. 210-220.

WEINBERGER OTA, *Die Norm als Gedanke und Realität*. En: «Österreichische Zeitschrift Für Öffentliches Rechts», 20 (1970), pp. 203-216.

WEINBERGER, OTA, *Das Recht als institutionelle Tatsache. Gleichzeitig eine Überlegung über den Begriff des positiven Rechts*. En: „Rechtstheorie», 11 (1980), pp. 427-442.

WELZEL, HANS, *Um die finale Handlungslehre*. Tübingen, Mohr, 1949.

WELZEL, HANS, *Naturrecht und materiale Gerechtigkeit*. Göttingen, Vandenhoeck und Ruprecht, 1951.

WELZEL, HANS, *Die Naturrechtslehre Samuel Pufendorfs*. Berlin, de Gruyter, 1958.

WERNER, P. (ed.), *Die Normentheorie di Helmut Schelskys als Form eines Neuen Institutionalismus. Schriften zur Rechtstheorie, IV*. Berlin, Duncker und Humblot, 1995.

WIETHÖLTER, RUDOLF, *Rechtswissenschaft*. Frankfurt am Maine, Fischer, 1968.

WINCH, PETER GUY, *The Idea of Social Science*. London, Routledge and Kegan Paul, 1958.

WINCH, PETER GUY, *Nature and Convention*. En: Winch, Peter Guy, *Ethics and Action*. London, Routledge & Kegan Paul, 1972, pp. 50-72.

WOJTYLA, KAROL, *Osoba i czyn*. Krakow, Polskie Towarzystwo teologiczne, 1969. Traducción inglesa de Andrzej Potocki: *The Acting Person*. Dordrecht, Reidel, 1979.

WOLENSKI, JAN, *Z zagadnien analitycznej filozofii prawa [Problemas de filosofía analítica del derecho]*. Warszawa, PWN, 1980.

WRIGHT, GEORG HENRIK VON, *Norm and Action*. London, Routledge and Kegan Paul, 1963.

WRIGHT, GEORG HENRIK VON, *The Varieties of Goodness*. London, Routledge and Kegan Paul, 1963.

WRIGHT, GEORG HENRIK VON, *Practical Reason*. Oxford, Blackwell, 1983.

WRÓBLEWSKI, JERZY, *Facts in Law*. En: «Archiv für Rechtsund Sozialphilosophie», 59 (1973), pp. 161-178.

WUNDERLICH, DIETER, *Zur Konvenzionalität von Sprechhandlungen*. En:

WUNDERLICH, DIETER (ed.), *Linguistische Pragmatik*. Frankfurt am Main, Athenäum Verlag, 1972, pp. 11-58.

ZAIBERT, LEO A., *Real Estate as Institutional Fact*. Actas del Congreso: Applied Ontology. A *Marvin Farber Conference on Law and Institutions in Society*. Buffalo, 24-25 Abril 1998.

ZALTA, EDWARD, *Abstract Objects: An Introduction to Axiomatic Methaphysics*. Dordrecht, Reidel, 1983.

ZELANIEC, WOJCIECH, *Father, Kings, and Promises: Husserl and Reinach on the a priori*. En: «Husserl Studies», 9 (1992), pp. 147-177.

ZIEMBINSKI, ZYGMUNT, *O zdaniowym charakterze norm tetycznych [Sobre el carácter proposicional de las normas téticas]*. En: «Studia lógica», 11 (1961), pp. 37-47.

ZIEMBINSKI, ZYGMUNT, *Règles constitutives en droit*, 1987. [Manuscrito.]

ZIEMBINSKI, ZYGMUNT, *Le contenu et la structure des normes concédant les compétences*. En: Di Bernardo, Giuliano (éd.), *Normative Structures of the Social World*. Amsterdam, Rodopi, 1988, pp. 159-182.

ZNAMIEROWSKI, CZESLAW, *O przedmiocie i fakcie spolecznym [Objetos sociales y hechos sociales]*. En: «Przeglad Filozo- ficzny», 24 (1921), pp. 1-33.

ZNAMIEROWSKI, CZESLAW, *Podstawowe pojecia teorji prawa. I. Uklad prawny i norma prawna [Conceptos fundamentales de teoría del derecho I. Estructura jurídica y norma jurídica]*. Poznan, Fiszer i Majewski, 1924.

ZNAMIEROWSKI, CZESLAW, *Realizm w teorii prawa [eí realismo en la teoría del derecho]*. Poznan, Polskie Towarzystwo Przyjaciól Nauk, 1925.

FENOMENOLOGÍA, SEMIÓTICA Y DERECHO,
de Carlos Alarcón Cabrera
se imprimió en la República Argentina en
julio de 2018.

www.ingramcontent.com/pod-product-compliance
Lightning Source LLC
LaVergne TN
LVHW082238051026
849532LV00012B/4035